Fabian Brand

Selig, die ihr jetzt weint

Fabian Brand

Selig, die ihr jetzt weint

Kreuzwegandachten

Umschlaggestaltung: Finken & Bumiller, Stuttgart
Layout und Satz: wunderlichundweigand
Druck: finidr s.r.o., Český Těšín, Tschechische Republik

www.bibelwerk.de
ISBN 978-3-460-24239-5

Inhalt

Hinführung

Es ist eine alte Tradition, dass im Laufe der Fasten- und Passionszeit besonders der Kreuzweg des Herrn betrachtet wird. Betend folgt man dem Weg Jesu von seiner Verurteilung bis hinauf nach Golgota, wo er am Kreuz stirbt. Die Texte, die vom Leiden und Sterben Jesu berichten, nehmen uns mit hinein in das große Geheimnis unserer Erlösung, das wir besonders an den drei österlichen Tagen feiern.
Miteinander den Kreuzweg zu beten, heißt auch, über den Karfreitag hinaus zu blicken und den Glanz des Ostermorgens zu erahnen. So ist der Kreuzweg nicht nur Erinnerung an das Leiden und Sterben Jesu, sondern zugleich ein Hoffnungsweg. Denn jenseits allen Leidens, jenseits von Tod und Sterben, sind wir auf die Auferstehung verwiesen und auf das Leben in Fülle, das Gott denen bereitet hat, die ihn lieben. Deswegen kann Jesus auch die Trauernden seligpreisen: Im Gottesreich werden ihre Tränen abgewischt, ihre Trauer in Freude und ihr Tod in Leben verwandelt. Auch daran dürfen wir denken, wenn wir in diesen Tagen miteinander den Kreuzweg betrachten.
Im vorliegenden Buch finden sich unterschiedliche Andachtsmodelle, die zum gemeinsamen Gebet in der Fasten- und Passionszeit anregen wollen. Neben dem klassischen Kreuzweg mit vierzehn Stationen gibt es auch kürzere Modelle, die sich auf fünf bzw. sieben ausgewählte Kreuzwegstationen beziehen. Ein Kreuzweg für Kinder zeichnet den Weg Jesu vom Einzug in Jerusalem bis zur Auferstehung als Erzählung nach. Ein weiteres Kreuzwegmodell ist in einer besonders für Senioren ansprechenden Sprache formuliert, kann aber natürlich auch in einer normalen Gemeinde verwendet werden. Schließlich finden sich noch Vorschläge für Ölbergandachten am Gründonnerstag, sowie für zwei Passionsandachten. Diese können

entweder am Karfreitag selbst oder während der ganzen Passionszeit (also ab dem fünften Fastensonntag) verwendet werden. Die Andacht zu den sieben Worten Christi am Kreuz kann man beispielsweise am Abend des Karfreitags miteinander beten.

Die vorliegenden Modelle sind als Vorschlag oder Anregung gedacht. Je nach Situation gilt es Texte umzuformulieren und geeignete Gesänge auszuwählen. Um die Arbeit für Ehren- und Hauptamtliche zu erleichtern, können die folgenden Andachten aber auch ohne große Vorbereitung und ohne Mehraufwand eingesetzt werden, da alle benötigten Texte an Ort und Stelle abgedruckt sind.

Zu unserem Heil lag die Strafe auf ihm

Kreuzweg mit fünf Stationen

1. Station
Petrus verleugnet Jesus

V HERR, du hast mich erforscht und du kennst mich.
Ob ich sitze oder stehe, du kennst es.
Du durchschaust meine Gedanken von fern.

A Ob ich gehe oder ruhe, du hast es gemessen.
Du bist vertraut mit all meinen Wegen.

V Erforsche mich, Gott, und erkenne mein Herz,
prüfe mich und erkenne meine Gedanken!

A Sieh doch, ob ich auf dem Weg der Götzen bin, leite mich auf dem Weg der Ewigkeit! (Verse aus Ps 139)

Lied: *z.B. GL 283 (Aus der Tiefe rufe ich zu dir)*

L Als Petrus unten im Hof war, kam eine von den Mägden des Hohepriesters. Sie sah, wie Petrus sich wärmte, blickte ihn an und sagte: Auch du warst mit diesem Jesus aus Nazaret zusammen. Doch er leugnete und sagte: Ich weiß nicht und verstehe nicht, wovon du redest. Dann ging er in den Vorhof hinaus.
Als die Magd ihn dort bemerkte, sagte sie zu denen, die dabeistanden, noch einmal: Der gehört zu ihnen. Er aber leugnete wieder. Wenig später sagten die Leute, die dort standen, von Neuem zu Petrus: Du gehörst wirklich zu ihnen; du bist doch auch ein Galiläer. Da fing er an zu fluchen und zu schwören: Ich kenne diesen Menschen nicht, von dem ihr redet. Gleich darauf krähte der Hahn zum zweiten Mal und Petrus erinnerte sich an das Wort, das Jesus zu ihm gesagt hatte: Ehe der

Hahn zweimal kräht, wirst du mich dreimal verleugnen. Und er begann zu weinen. (Mk 14,66-72)

Lied: *z.B. GL 271 (O Herr, aus tiefer Klage)*

V Petrus ist mit Jesus gegangen.
Er will bei ihm bleiben.
Er will ihm beistehen – auch in der größten Not.
Er ist in die Nachfolge Jesu eingetreten,
er hat einkalkuliert, für Jesus selbst das Leben hinzugeben.
Jetzt aber verlässt Petrus der Mut.
Angst umfängt ihn.
Was, wenn auch er festgenommen wird?
Was, wenn sie als nächstes ihn zum Tod verurteilen?
Und Petrus verleugnet seine Zugehörigkeit zu Jesus.
Er sagt sich von ihm los.
Er lässt ihn im Stich.

Stille

Wer sich in die Nachfolge Jesu begibt, der muss Rückschläge mit einrechnen.
Wer sich zu Jesus bekennt, der darf nicht beim ersten Gegenwind einknicken.
Doch manchmal verlangt uns die Freundschaft zu Jesus viel ab.
Wir leugnen, dass wir zu ihm gehören.
Wir verschweigen lieber, dass wir Christen sind.
Was würden sonst die anderen von uns denken?
Vielleicht würden sie uns auslachen,
vielleicht würden sie uns gar nicht mehr ernstnehmen.
Wenn es ernst wird, wählen wir oft den bequemeren Weg
und retten lieber unsere eigene Haut.

Stille

V Lasset uns beten. – Herr Jesus, du rufst Menschen in deine Nachfolge, die von dir erzählen und die gute Nachricht von der nahegekommenen Gottesherrschaft verkünden. Gib uns den Mut, dein Wort weiterzusagen, auch wenn wir mit Widerstand rechnen müssen. Hilf uns, dass wir uns auch in der Bedrängnis zu dir bekennen und treue Zeugen deiner Liebe sind. Der du lebst und herrschst in alle Ewigkeit.

A Amen.

2. Station

Jesus wird von den Soldaten misshandelt

V Siehe, mein Knecht wird Erfolg haben, er wird sich erheben und erhaben und sehr hoch sein.

A Wie sich viele über dich entsetzt haben – so entstellt sah er aus, nicht mehr wie ein Mensch, seine Gestalt war nicht mehr die eines Menschen –,

V so wird er viele Nationen entsühnen, Könige schließen vor ihm ihren Mund.

A Denn was man ihnen noch nie erzählt hat, das sehen sie nun; was sie niemals hörten, das erfahren sie jetzt.
(Jes 52,13-15)

Lied: *z.B. GL 292 (Fürwahr, er trug unsre Krankheit)*

L Da nahmen die Soldaten des Statthalters Jesus, führten ihn in das Prätorium und versammelten die ganze Kohorte um ihn. Sie zogen ihn aus und legten ihm einen purpurroten Mantel um. Dann flochten sie einen Kranz aus Dornen; den setzten sie ihm auf das Haupt und gaben ihm einen Stock in die rechte Hand. Sie fielen vor ihm auf die Knie und verhöhnten ihn, indem sie riefen: Sei gegrüßt, König der Juden! Und sie spuckten ihn an, nahmen ihm den Stock wieder weg und schlugen damit auf seinen Kopf. Nachdem sie so ihren Spott mit ihm getrieben hatten, nahmen sie ihm den Mantel ab und zogen ihm seine eigenen Kleider wieder an. Dann führten sie Jesus hinaus, um ihn zu kreuzigen. (Mt 27,27-31)

Lied: *z.B. GL 290 (Herzliebster Jesu)*

V Die Soldaten verspotten Jesus.
Sie können ihn und seine Botschaft nicht ernst nehmen.
Für sie ist er ein Angeber, ein Verrückter.
Doch er kommt gerade recht,
um ein bisschen Abwechslung in den grauen Soldatenalltag zu bringen.
Wenn er schon meint, er sei ein König,
dann sollte man ihm das ansehen.
Sie setzen Jesus eine Dornenkrone auf.
Sie verhöhnen ihn.
Sie treiben mit Jesus ihren Spott.

Stille

Die Soldaten wollen Jesus aus ihrer Mitte wegschaffen.
Sie wollen ihn nach ihren eigenen Vorstellungen verbiegen.
Ein König muss doch wie ein König aussehen, meinen sie.
Ihren eigenen Willen durchsetzend krönen sie ihn mit Dornen.
Dabei übersehen sie das Wesentliche:
Man kann Jesus nur mit den Augen des Glaubens sehen.
Wer den gegeißelten Heiland so betrachtet,
der erkennt in ihm einen König.
Wer sich im Glauben Jesus nähert,
wer sich auf seine Botschaft einlässt,
der gewinnt das Leben.

Stille

V Lasset uns beten. – Gott, du weißt, dass wir Menschen unvollkommen sind und immer wieder der Umkehr bedürfen. Du kennst unsere Herzen, du durchschaust unser Innerstes. Führe uns auf den Weg der Gerechtigkeit, damit wir dich tiefer erkennen und den, den du gesandt hast, Jesus, deinen Sohn. Er lebt und herrscht mit dir in Ewigkeit.

A Amen.

3. Station

Jesus wird erniedrigt

V Mein Gott, mein Gott, warum hast du mich verlassen, bleibst fern meiner Rettung, den Worten meines Schreiens?

A Mein Gott, ich rufe bei Tag, doch du gibst keine Antwort; und bei Nacht, doch ich finde keine Ruhe.

V Ich aber bin ein Wurm und kein Mensch, der Leute Spott, vom Volk verachtet.

A Wälze die Last auf den Herrn! Er soll ihn befreien, er reiße ihn heraus, wenn er an ihm Gefallen hat! (Verse aus Ps 22)

Lied: *z.B. GL 289 (O Haupt voll Blut und Wunden)*

L Er war Gott gleich, hielt aber nicht daran fest, Gott gleich zu sein, sondern er entäußerte sich und wurde wie ein Sklave und den Menschen gleich. Sein Leben war das eines Menschen; er erniedrigte sich und war gehorsam bis zum Tod, bis zum Tod am Kreuz. Darum hat ihn Gott über alle erhöht und ihm den Namen verliehen, der größer ist als alle Namen, damit alle im Himmel, auf der Erde und unter der Erde ihr Knie beugen vor dem Namen Jesu und jeder Mund bekennt: Jesus Christus ist der Herr zur Ehre Gottes, des Vaters. (Phil 2,6-11)

Lied: *z.B. GL 288 (Hört das Lied der finstern Nacht)*

V Jesus wird erniedrigt:
Die Geißelung und Verspottung durch die Soldaten,
die Kreuzigungsrufe der Menschenmenge,
das Aufladen des schweren Kreuzes,
das abermalige Fallen auf dem Kreuzweg,
das Bloßstellen des nackten Körpers,
das Kopfschütteln der Zuschauer.
Auf seinem Kreuzweg ist Jesus
bis zum Erdboden erniedrigt.
Er, der Geschlagene, steht im Zentrum des Geschehens.
Er weiß, dass der Weg nach unten sein Weg nach oben ist.
Hinein in die Herrlichkeit beim Vater.

Stille

Unsere Gesellschaft strebt immer nach oben.
Man will der Erste sein und der Beste.
Es zählen Spitzenleistungen und Herausragendes.
Jesus lehrt uns einen anderen Weg:
Wer sein Leben betrachtet, der erkennt,
dass der wahre Weg nach oben ganz unten beginnt.
In der Erniedrigung liegt der Beginn der Erhöhung.
In der Selbstverleugnung steht der Weg zum Leben offen.

Stille

V Lasset uns beten. – Herr Jesus, du sagst uns, wir sollen uns nicht allzu sehr um uns und unsere Anliegen sorgen. Du zeigst uns, wie wichtig es ist, unsere Mitmenschen im Blick zu haben, ihre Sorgen und Nöte zu erkennen. Wir bitten dich: Öffne unser Herz für das Elend der Armen und lass uns mutig eintreten für die Menschen, deren Leben mit Füßen zu Boden getreten wird. Der du lebst und herrschst in Ewigkeit.

A Amen.

4. Station

Der Leib Jesu wird am Kreuz durchbohrt

V Er hatte keine schöne und edle Gestalt, sodass wir ihn anschauen mochten. Er sah nicht so aus, dass wir Gefallen fanden an ihm.

A Er wurde verachtet und von den Menschen gemieden, ein Mann voller Schmerzen, mit Krankheit vertraut.

V Aber er hat unsere Krankheit getragen und unsere Schmerzen auf sich geladen. Wir meinten, er sei von Gott geschlagen, von ihm getroffen und gebeugt.

A Zu unserem Heil lag die Züchtigung auf ihm, durch seine Wunden sind wir geheilt. (Verse aus Jes 53)

Lied: *z.B. GL 270 (Kreuz, auf das ich schaue)*

L Danach, da Jesus wusste, dass nun alles vollbracht war, sagte er, damit sich die Schrift erfüllte: Mich dürstet. Ein Gefäß voll Essig stand da. Sie steckten einen Schwamm voll Essig auf einen Ysopzweig und hielten ihn an seinen Mund. Als Jesus von dem Essig genommen hatte, sprach er: Es ist vollbracht! Und er neigte das Haupt und übergab den Geist. Weil Rüsttag war und die Körper während des Sabbats nicht am Kreuz bleiben sollten – dieser Sabbat war nämlich ein großer Feiertag –, baten die Juden Pilatus, man möge ihnen die Beine zerschlagen und sie dann abnehmen. Also kamen die Soldaten und zerschlugen dem ersten die Beine, dann dem andern, der mit ihm gekreuzigt worden war. Als sie aber zu Jesus kamen und sahen, dass er schon tot war, zerschlugen sie ihm die Beine nicht, sondern einer der Soldaten stieß mit der Lanze in seine Seite und sogleich floss Blut und Wasser heraus. Und der es gesehen hat, hat es bezeugt und sein Zeugnis ist wahr. Und er weiß, dass er Wahres sagt, damit auch ihr glaubt. Denn das ist geschehen, damit sich das Schriftwort erfüllte: *Man soll an ihm kein Gebein zerbrechen.* Und ein anderes Schriftwort sagt: *Sie werden auf den blicken, den sie durchbohrt haben.* (Joh 19,28-37)

Lied: *z.B. GL 291 (Holz auf Jesu Schulter)*

V Das Johannesevangelium endet mit einem Paukenschlag:
Jesus stirbt nicht resigniert oder enttäuscht.
Vielmehr ist er auch am Kreuz ganz und gar souverän.
Jesus weiß, dass nun alles vollbracht ist.
Er hat das Werk vollendet,
das ihm der Vater aufgetragen hat.
Er kann nun zurückkehren zum Vater,
eingehen in seine Herrlichkeit.
Der Karfreitag ist kein trauriger Tag.
Es ist der Tag, an dem der Menschensohn
erhöht von der Erde alle an sich zieht.
Jetzt ist seine Stunde gekommen,
die Stunde der Verherrlichung.

Stille

Das Kreuz stört.
Es stört unseren Blick auf Jesus.
Wir wollen den Auferstandenen und Verherrlichten sehen.
Aber überall steht uns nur das Kreuz vor Augen.
Wir müssen lernen,
im Kreuz den Auferstandenen zu erkennen.
Wir müssen lernen,
im Karfreitag den Ostermorgen zu erahnen.
Nur so können wir das Sterben Jesu
als Beginn seiner Herrlichkeit verstehen.

Stille

V Lasset uns beten. – Herr Jesus, du bist für uns am Kreuz gestorben, um so in deine Herrlichkeit beim Vater einzugehen. Nicht alles, was du tust, verstehen wir. Lass uns glauben, dass dein Tod nicht vergeblich war, dass dein Sterben hineinführt ins Leben das kein Ende kennt. Der du lebst und herrschst in Ewigkeit.

A Amen.

5. Station

Der Leichnam Jesu wird begraben

V In der Mitte meiner Tage muss ich hinab zu den Pforten der Unterwelt, ich bin gefangen für den Rest meiner Jahre.

A Ich sprach: Ich darf den HERRN nicht mehr schauen im Land der Lebenden, keinen Menschen mehr sehen bei den Bewohnern der Erde.

V Meine Hütte bricht man ab, man deckt sie über mir ab wie das Zelt eines Hirten.

A Wie ein Weber das Tuch habe ich mein Leben zusammengerollt, vom Faden schneidet er mich ab; vom Tag bis in die Nacht gibst du mich preis.
(Verse aus Jes 38)

Lied: *z.B. GL 210 (Das Weizenkorn muss sterben)*

L Josef aus Arimathäa war ein Jünger Jesu, aber aus Furcht vor den Juden nur im Verborgenen. Er bat Pilatus, den Leichnam Jesu abnehmen zu dürfen, und Pilatus erlaubte es. Also kam er und nahm den Leichnam ab. Es kam auch Nikodemus, der früher einmal Jesus bei Nacht aufgesucht hatte. Er brachte eine Mischung aus Myrrhe und Aloe, etwa hundert Pfund. Sie nahmen den Leichnam Jesu und umwickelten ihn mit Leinenbinden, zusammen mit den wohlriechenden Salben, wie es beim jüdischen Begräbnis Sitte ist. An dem Ort, wo man ihn gekreuzigt hatte, war ein Garten und in dem Garten war ein neues Grab, in dem noch niemand bestattet worden war. Wegen des Rüsttages der Juden und weil das Grab in der Nähe lag, setzten sie Jesus dort bei. (Joh 19,38-42)

Lied: *z.B. GL 297 (Wir danken dir, Herr Jesu Christ)*

V Totenstille kehrt über dem Land ein.
Das Grab strahlt eine himmlische Ruhe aus.
Nach dem qualvollen Kreuzweg,
nach der Marter der Kreuzigung
darf Jesus nun endlich ausruhen.
Der Karfreitag ist überstanden.
Eilends, aber doch voller Liebe
wird der Leichnam Jesu bestattet.
Jetzt ist alles vollbracht.
Jetzt ist Totenstille.

Stille

V Die Stille wird durchbrochen vom Engel.
Die Finsternis erhellt vom Ostermorgen.
Das Grab wird zum Ort des Lebens.
Das Unerwartete geschieht wirklich:
Er bleibt nicht im Grab,
Er macht seine Verheißungen wahr,
er erscheint in Gottes Herrlichkeit.
Sein Tod ist das Tor zum Leben.
Sein Grab ist der Ort der neuen Hoffnung.
Denn das Weizenkorn stirbt,
um zu leben.

Stille

V Lasset uns beten. – Gott, unser Vater, dein Sohn ist das Weizenkorn, das für uns gestorben ist, damit wir das Leben haben. Hilf uns, die Auferstehung deines Sohnes zu verkünden und in unseren Mitmenschen die Hoffnung auf ein Leben in dir zu wecken. Darum bitten wir durch Christus, unseren Herrn.

A Amen.

Segen

Der Herr segne und behüte uns,
er lasse über uns sein Angesicht leuchten und sei uns gnädig.
Er wende uns sein Antlitz zu,
er schenke uns seinen Frieden.

Lied: *z.B. GL 532 (Christi Mutter stand mit Schmerzen)*

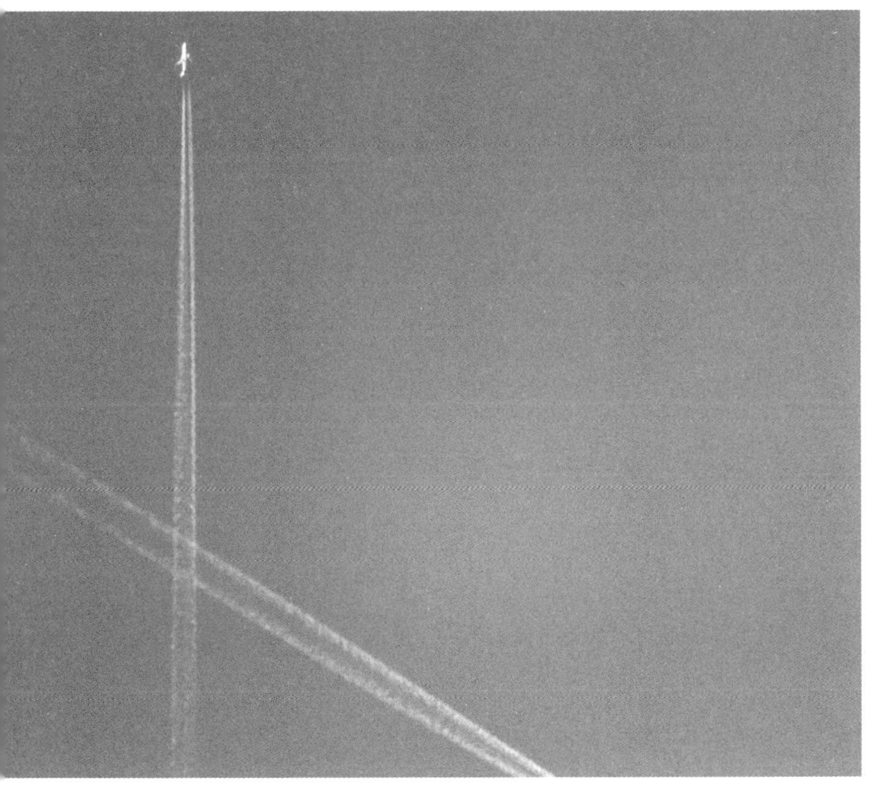

Sie werden auf den blicken, den sie durchbohrt haben

Kreuzweg mit fünf Stationen

1. Station

Jesus wird verurteilt und gegeißelt

Jesus war zu allen Menschen gut. Er hat sie angenommen, trotz all ihrer Sorgen und Nöte. Jetzt wird Jesus ausgegrenzt. Niemand will zu ihm stehen, alle haben ihn verlassen. Der Richter spricht das ungerechte Urteil. Jesus schlagen die Lieblosigkeiten ins Gesicht. Er, der nie einen Menschen verurteilt hat, wird nun verurteilt. Er, der sich mit den Verachteten solidarisiert hat, wird nun selbst einer von ihnen.

Jesus, erbarme dich der ungerecht Verurteilten und aller, die lieblos behandelt werden.

2. Station
Jesus fällt unter dem Kreuz

Dreimal fällt Jesus auf seinem Kreuzweg zu Boden. Dreimal gibt der ermattete Körper nach und die Last des Kreuzes übermannt ihn. Dreimal der Kampf aufzugeben, weil die Kräfte nicht reichen und der Weg zu weit ist. Dreimal das Ringen mit sich selbst, die Qual zu verlängern, weiter Schmerzen zu erdulden, erneut das Kreuz zu stemmen. Dreimal die hoffnungsvolle Entscheidung, sich wieder aufzuraffen, weiterzumachen, weiterzugehen.

Jesus, erbarme dich derer, die unter den ihnen aufgelegten Lasten zu Boden stürzen und aller, denen die Kraft fehlt zum Weitermachen.

3. Station
Jesus wird ans Kreuz geschlagen

Das Kreuz ist das Zeichen unseres christlichen Glaubens schlechthin. Weil Jesus ans Kreuz geschlagen wird, ist es auch sein Zeichen: das Zeichen des auferstandenen Gekreuzigten. Aus Liebe wählt Jesus den Weg der Entäußerung. Aus Liebe gibt er sich in die Hände derjenigen, die ihn ausliefern und verurteilen. Aus Liebe breitet er die Arme am Kreuz aus, um alle an sich zu ziehen. Allein mit dem liebenden Blick des Glaubens können wir das Geheimnis des Kreuzes verstehen.

Jesus, erbarme dich derer, die sich aus Liebe für ihre Mitmenschen verzehren und aller, die ihren Nächsten den Liebesdienst erweisen.

4. Station
Jesus stirbt am Kreuz

Es gibt einen guten Tod. Es ist der Tod, den die Menschen sterben, die bis zuletzt von ihren Lieben begleitet werden. Ob auch Jesus einen solch guten Tod gestorben ist? Es scheint nicht so. Sein Tod ist grausam und schrecklich, die Leiden, die er erdulden muss, sind unvorstellbar. Seine Freunde sind geflohen. Aus Angst haben ihm die Jünger den Rücken zugekehrt. Doch Jesus ist in seinem Sterben nicht allein. Maria und Johannes stehen unter dem Kreuz. Sie harren bei Jesus aus bis zum Ende. Bis Jesus stirbt und eingeht in Gott. So stirbt auch Jesus einen guten Tod.

Jesus, erbarme dich derer, die einsam und verlassen sterben und aller, die keinen haben, der sie in ihren letzten Stunden begleitet.

5. Station
Der Leichnam Jesu wird bestattet

Am Abend des Karfreitags erbittet Josef von Pilatus den Leichnam des Gekreuzigten. Er legt ihn in ein Grab. Hier, meinen seine Freunde, ist von nun an sein Ort. Hier ist seine Wohnung auf ewig. Hier können sie dem Freund ganz nahe sein, ihn ein letztes Mal ehren, seiner gedenken. Doch sie irren. Denn die Botschaft der Osternacht ist eine andere: Er ist nicht hier. Noch ist ihr Blick gehalten und auf das Grab gerichtet. An Ostern wird ihr Horizont geweitet und sie können endlich die Herrlichkeit erkennen, die hinter dem Kreuz aufstrahlt. Im Licht der Ostersonne werden die Wunden der Kreuzigung verklärt und die Trauer über den Tod in Freude über das Leben gewandelt.

Jesus, erbarme dich derer, die am Grab eines lieben Menschen trauern und aller, die an die Auferstehung von den Toten glauben.

Gehorsam bis zum Tod, bis zum Tod am Kreuz

Kreuzweg mit sieben Stationen

Eröffnungsgebet

V Herr Jesus Christus, wir haben uns in deinem Namen versammelt. Betend und hörend wollen wir den Weg nachgehen, der dich hinauf nach Golgota geführt hat. Wir wollen für die Menschen beten, deren Leben heute ein Kreuzweg ist, die wie du verspottet und gegeißelt werden. Wir wollen auf dein Wort hören, deine Nähe erfahren, dein Mitgehen spüren. Denn du bist mit uns auf dem Weg, wie schwer er auch sein mag. Du begleitest uns, denn du bist unser Leben. Dich preisen wir heute und in Ewigkeit.

A Amen.

V Wenn einer hinter mir hergehen will, verleugne er sich selbst, nehme sein Kreuz auf sich und folge mir nach.
(Mt 16,24)

A Es gibt keine größere Liebe, als wenn einer sein Leben für seine Freunde hingibt. (Joh 15,13)

V Nicht ihr habt mich erwählt, sondern ich habe euch erwählt und dazu bestimmt, dass ihr euch aufmacht und Frucht bringt und dass eure Frucht bleibt. (Joh 15,16)

A Einer trage des anderen Last; so werdet ihr das Gesetz Christi erfüllen. (Gal 6,2)

V Im Kreuzweg ist Jesu ganzes Leben noch einmal zusammengefasst. Sein Mitgehen mit den Ausgestoßenen und Unterdrückten. Seine Freundes- und Feindesliebe. Das Tragen der Last des Anderen. Am Ende des Kreuzwegs stirbt Jesus. Auch sein Tod ist ein Tod für die Anderen. Ein Sterben, damit wir das Leben haben und damit wir es in Fülle haben.

Stille

V Im Kreuz ist Heil, im Kreuz ist Leben, im Kreuz ist Hoffnung.

A Im Kreuz ist Heil, im Kreuz ist Leben, im Kreuz ist Hoffnung.

1. Station

Jesus wird zum Tod verurteilt

V Wir beten dich an, Herr Jesus Christus, und preisen dich.

A Denn durch dein heiliges Kreuz hast du die Welt erlöst.

L Von Kajaphas brachten sie Jesus zum Prätorium; es war früh am Morgen. Sie selbst gingen nicht in das Gebäude hinein, um nicht unrein zu werden, sondern das Paschalamm essen zu können. Deshalb kam Pilatus zu ihnen heraus und fragte: Welche Anklage erhebt ihr gegen diesen Menschen? Sie antworteten ihm: Wenn er kein Übeltäter wäre, hätten wir ihn dir nicht ausgeliefert. Pilatus sagte zu ihnen: Nehmt ihr ihn doch und richtet ihn nach eurem Gesetz! Die Juden antworteten ihm: Uns ist es nicht gestattet, jemanden hinzurichten. So sollte sich das Wort Jesu erfüllen, mit dem er angedeutet hatte, welchen Tod er sterben werde. (Joh 18,28-32)

Stille

V HERR, mein Gott, ich flüchte mich zu dir; hilf mir vor allen Verfolgern und rette mich.

A HERR, steh auf in deinem Zorn, erheb dich gegen die Wut meiner Bedränger!

V Der HERR richtet die Völker. Verschaffe mir Recht, HERR, nach meiner Gerechtigkeit, nach meiner Unschuld, die mich umgibt!

A Die Bosheit der Frevler findet ein Ende, doch dem Gerechten gib Bestand, der du Herzen und Nieren prüfst, gerechter Gott! (Verse aus Ps 7)

V Lasset uns beten für alle, die ungerecht verurteilt sind und denen kein gerechter Prozess gemacht wurde.

A Herr, erbarme dich unser.

V Lasset uns beten für alle, die dem Urteil der Menge unterworfen sind, deren Wahrheit nicht als wahr anerkannt wird.

A Herr, erbarme dich unser.

V Gott, unser Vater, dein Sohn Jesus wurde von Pilatus ungerecht verurteilt. Wir bitten dich: Lass uns auch in größter Bedrängnis auf dich schauen und umgib uns mit deiner väterlichen Liebe, damit wir nicht verzweifeln. Darum bitten wir dich durch Christus, unseren Herrn.

A Amen.

V Herr Jesus Christus, gekreuzigter Heiland:

A Erbarme dich über uns und über die ganze Welt.

2. Station

Jesus nimmt das Kreuz auf seine Schultern

V Wir beten dich an, Herr Jesus Christus, und preisen dich.

A Denn durch dein heiliges Kreuz hast du die Welt erlöst.

L Da lieferte er ihnen Jesus aus, damit er gekreuzigt würde. Sie übernahmen Jesus. Und er selbst trug das Kreuz und ging hinaus zur sogenannten Schädelstätte, die auf Hebräisch Golgota heißt. (Joh 19,16-17)

Stille

V HERR, strafe mich nicht in deinem Zorn und züchtige mich nicht in deinem Grimm!

A Nichts blieb gesund an meinem Fleisch, weil du mir grollst; weil ich gesündigt, blieb an meinen Gliedern nichts heil.

V HERR, all mein Sehnen liegt offen vor dir, mein Seufzen war dir nicht verborgen.

A Die mir nach dem Leben trachten, legten mir Schlingen; die mein Unheil suchen, planten Verderben und den ganzen Tag haben sie Arglist im Sinn.
(Verse aus Ps 38)

V Lasset uns beten für alle, die in diesem Leben ihre Kreuze tragen müssen: Krankheit und Not, Leid und Elend, Trauer und Einsamkeit.

A Herr, erbarme dich unser.

V Lasset uns beten für alle, die kraftlos geworden sind und keine Perspektiven in ihrem Leben mehr sehen.

A Herr, erbarme dich unser.

V Gott, unser Vater, die Soldaten haben deinem Sohn Jesus das Kreuz aufgeladen. Wir bitten dich: Wenn die Last des Lebens auf unseren Schultern drückt, verlass uns nicht. Gib uns Zuversicht, dass auch unser Kreuzweg in dein Ostern mündet, das du für uns bereitet hast. Darum bitten wir dich durch Christus, unseren Herrn.

A Amen.

V Herr Jesus Christus, gekreuzigter Heiland:

A Erbarme dich über uns und über die ganze Welt.

3. Station
Jesus fällt unter dem Kreuz

V Wir beten dich an, Herr Jesus Christus, und preisen dich.

A Denn durch dein heiliges Kreuz hast du die Welt erlöst.

L Seid untereinander so gesinnt, wie es dem Leben in Christus Jesus entspricht: Er war Gott gleich, hielt aber nicht daran fest, Gott gleich zu sein, sondern er entäußerte sich und wurde wie ein Sklave und den Menschen gleich. Sein Leben war das eines Menschen; er erniedrigte sich und war gehorsam bis zum Tod, bis zum Tod am Kreuz. (Phil 2,5-8)

Stille

V Höre, Gott, mein lautes Klagen, schütze mein Leben vor dem Schrecken des Feindes!

A Verbirg mich vor der Schar der Bösen, vor dem Toben derer, die Unrecht tun.

V Sie schärfen ihre Zunge wie ein Schwert, schießen giftige Worte wie Pfeile, um einen Untadeligen von ihrem Versteck aus zu treffen.

A Sie sind fest entschlossen zum Bösen. Sie reden davon, Fallen zu stellen, sie sagten: Wer kann uns sehen?
(Verse aus Ps 64)

V Lasset uns beten für alle, die unter der Last ihres Kreuzes zu Boden gehen, deren Gesicht in den Staub der Erde gedrückt ist.

A Herr, erbarme dich unser.

V Lasset uns beten für alle, denen der Mut fehlt, wieder aufzustehen und den vor ihnen liegenden Weg weiterzugehen.

A Herr, erbarme dich unser.

V Gott, unser Vater, dein Sohn Jesus ist unter der Last des Kreuzes zu Boden gefallen. Wir bitten dich: Stärke uns mit Kraft, dass wir nicht verzagen, wenn uns die Last des Lebens zu schwer wird und uns der Lebensmut verlassen hat. Darum bitten wir dich durch Christus, unseren Herrn.

A Amen.

V Herr Jesus Christus, gekreuzigter Heiland:

A Erbarme dich über uns und über die ganze Welt.

4. Station

Simon von Kyrene hilft Jesus das Kreuz tragen

V Wir beten dich an, Herr Jesus Christus, und preisen dich.

A Denn durch dein heiliges Kreuz hast du die Welt erlöst.

L Nachdem sie so ihren Spott mit ihm getrieben hatten, nahmen sie ihm den Purpurmantel ab und zogen ihm seine eigenen Kleider wieder an. Dann führten sie Jesus hinaus, um ihn zu kreuzigen. Einen Mann, der gerade vom Feld kam, Simon von Kyrene, den Vater des Alexander und des Rufus, zwangen sie, sein Kreuz zu tragen. (Mk 15,20-21)

Stille

V HERR, du Gott meiner Rettung, am Tag und in der Nacht schrei ich vor dir.

A Lass mein Bittgebet vor dein Angesicht kommen, neige dein Ohr meinem Rufen!

V Denn mit Leid ist meine Seele gesättigt, mein Leben berührt die Totenwelt. Schon zähle ich zu denen, die hinabsteigen in die Grube, bin wie ein Mensch, in dem keine Kraft mehr ist.

A Wirst du an den Toten Wunder tun, werden Schatten aufstehn, um dir zu danken? Erzählt man im Grab von deiner Huld, von deiner Treue im Totenreich? (Verse aus Ps 88)

V Lasset uns beten für alle, die anderen zu Hilfe eilen, um mit ihnen gemeinsam die Lebenslast zu tragen.

A Herr, erbarme dich unser.

V Lasset uns beten für alle, die sich davor scheuen, anderen ihre Hilfe anzubieten, die gaffend am Wegrand stehen und andere ihrem Leid überlassen.

A Herr, erbarme dich unser.

V Gott, unser Vater, Simon von Kyrene hat deinem Sohn Jesus geholfen, sein Kreuz zu tragen. Wir bitten dich: Öffne unsere Augen, damit wir nicht achtlos an der Not unseres Nächsten vorübergehen, sondern ihm tatkräftig zu Hilfe eilen. Darum bitten wir dich durch Christus, unseren Herrn.

A Amen.

V Herr Jesus Christus, gekreuzigter Heiland:

A Erbarme dich über uns und über die ganze Welt.

5. Station
Jesus begegnet den weinenden Frauen

V Wir beten dich an, Herr Jesus Christus, und preisen dich.

A Denn durch dein heiliges Kreuz hast du die Welt erlöst.

L Es folgte ihm eine große Menge des Volkes, darunter auch Frauen, die um ihn klagten und weinten. Jesus wandte sich zu ihnen um und sagte: Töchter Jerusalems, weint nicht über mich; weint vielmehr über euch und eure Kinder! Denn siehe, es kommen Tage, da wird man sagen: Selig die Frauen, die unfruchtbar sind, die nicht geboren und nicht gestillt haben. Dann wird man zu den Bergen sagen: *Fallt auf uns! und zu den Hügeln: Deckt uns zu!* Denn wenn das mit dem grünen Holz geschieht, was wird dann erst mit dem dürren werden? (Lk 23,27-31)

Stille

V Gott, durch deinen Namen rette mich, verschaff mir Recht mit deiner Kraft!

A Gott, höre mein Bittgebet, vernimm die Worte meines Mundes!

V Denn fremde Menschen standen auf gegen mich, Gewalttätige trachteten mir nach dem Leben, sie stellten sich Gott nicht vor Augen.

A Bereitwillig will ich dir opfern, will deinem Namen danken, HERR, denn er ist gut. Denn er hat mich herausgerissen aus all meiner Not, mein Auge schaut herab auf meine Feinde. (Verse aus Ps 54)

V Lasset uns beten für alle, die trauern um einen geliebten Menschen.

A Herr, erbarme dich unser.

V Lasset uns beten für alle, die machtlos zuschauen müssen, wie ein Mensch von einer unheilbaren Krankheit geplagt wird.

A Herr, erbarme dich unser.

V Gott, unser Vater, am Kreuzweg standen die Frauen von Jerusalem und haben um deinen Sohn Jesus geweint. Wir bitten dich: Gib uns Mut, in den sorgenvollen und qualvollen Stunden des Lebens nicht zu verzagen, sondern in dir neue Hoffnung zu finden. Darum bitten wir dich durch Christus, unseren Herrn.

A Amen.

V Herr Jesus Christus, gekreuzigter Heiland:

A Erbarme dich über uns und über die ganze Welt.

6. Station
Jesus wird ans Kreuz genagelt

V Wir beten dich an, Herr Jesus Christus, und preisen dich.

A Denn durch dein heiliges Kreuz hast du die Welt erlöst.

L Dort kreuzigten sie ihn und mit ihm zwei andere, auf jeder Seite einen, in der Mitte aber Jesus. Pilatus ließ auch eine Tafel anfertigen und oben am Kreuz befestigen, die Inschrift lautete: Jesus von Nazaret, der König der Juden. Diese Tafel lasen viele Juden, weil der Platz, wo Jesus gekreuzigt wurde, nahe bei der Stadt lag. Die Inschrift war hebräisch, lateinisch und griechisch abgefasst. Da sagten die Hohepriester der Juden zu Pilatus: Schreib nicht: Der König der Juden, sondern dass er gesagt hat: Ich bin der König der Juden. Pilatus antwortete: Was ich geschrieben habe, habe ich geschrieben. Nachdem die Soldaten Jesus gekreuzigt hatten, nahmen sie seine Kleider und machten vier Teile daraus, für jeden Soldaten einen Teil, und dazu das Untergewand. Das Untergewand war aber ohne Naht von oben ganz durchgewoben. Da sagten sie zueinander: Wir wollen es nicht zerteilen, sondern darum losen, wem es gehören soll. So sollte sich das Schriftwort erfüllen: *Sie verteilten meine Kleider unter sich und warfen das Los um mein Gewand.* Dies taten die Soldaten. Bei dem Kreuz Jesu standen seine Mutter und die Schwester seiner Mutter, Maria, die Frau des Klopas, und Maria von Magdala. (Joh 19,18-25)

Stille

V Ich hoffte, ja ich hoffte auf den HERRN. Da neigte er sich mir zu und hörte mein Schreien.

A Er zog mich herauf aus der Grube des Grauens, aus Schlamm und Morast. Er stellte meine Füße auf Fels, machte fest meine Schritte.

V Er gab mir ein neues Lied in den Mund, einen Lobgesang auf unseren Gott. Viele sollen es sehen, sich in Ehrfurcht neigen und auf den HERRN vertrauen.

A Es gefalle dir, HERR, mir zu helfen! HERR, eile mir zu helfen! (Verse aus Ps 40)

V Lasset uns beten für alle, die einsam und verlassen sterben.

A Herr, erbarme dich unser.

V Lasset uns beten für alle, die Opfer von Krieg und Terror, von Gewalt und Hass geworden sind.

A Herr, erbarme dich unser.

V Gott, unser Vater, dein Sohn Jesus wurde von den Soldaten ans Kreuz geschlagen. Wir bitten dich: Schenke uns deinen Frieden und deine Liebe, damit gegenseitige Verachtung und Hass nicht mehr wachsen können. Darum bitten wir dich durch Christus, unseren Herrn.

A Amen.

V Herr Jesus Christus, gekreuzigter Heiland:

A Erbarme dich über uns und über die ganze Welt.

7. Station
Jesus stirbt am Kreuz

V Wir beten dich an, Herr Jesus Christus, und preisen dich.

A Denn durch dein heiliges Kreuz hast du die Welt erlöst.

L Als Jesus von dem Essig genommen hatte, sprach er: Es ist vollbracht! Und er neigte das Haupt und übergab den Geist. Weil Rüsttag war und die Körper während des Sabbats nicht am Kreuz bleiben sollten – dieser Sabbat war nämlich ein großer Feiertag –, baten die Juden Pilatus, man möge ihnen die Beine zerschlagen und sie dann abnehmen. Also kamen die Soldaten und zerschlugen dem ersten die Beine, dann dem andern, der mit ihm gekreuzigt worden war. Als sie aber zu Jesus kamen und sahen, dass er schon tot war, zerschlugen sie ihm die Beine nicht, sondern einer der Soldaten stieß mit der Lanze in seine Seite und sogleich floss Blut und Wasser heraus. Und der es gesehen hat, hat es bezeugt und sein Zeugnis ist wahr. Und er weiß, dass er Wahres sagt, damit auch ihr glaubt. (Joh 19,30-35)

Stille

V Der HERR ist mein Licht und mein Heil: Vor wem sollte ich mich fürchten?

A Der HERR ist die Zuflucht meines Lebens: Vor wem sollte mir bangen?

V Denn er birgt mich in seiner Hütte am Tag des Unheils; er beschirmt mich im Versteck seines Zeltes, er hebt mich empor auf einen Felsen.

A Ich aber bin gewiss, zu schauen die Güte des HERRN im Land der Lebenden. Hoffe auf den HERRN, sei stark und fest sei dein Herz! Und hoffe auf den HERRN! (Verse aus Ps 27)

V Lasset uns beten für alle, deren Tod unausweichlich scheint.

A Herr, erbarme dich unser.

V Lasset uns beten für alle, die gestorben sind im Glauben an die Auferstehung von den Toten.

A Herr, erbarme dich unser.

V Gott, unser Vater, dein Sohn Jesus ist am Kreuz gestorben. Wir bitten dich: Gib uns das feste Vertrauen, auf deine Güte zu hoffen und an deine Barmherzigkeit zu glauben, auch wenn es uns schwer fällt und Zweifel uns anfragen. Darum bitten wir dich durch Christus, unseren Herrn.

A Amen.

V Herr Jesus Christus, gekreuzigter Heiland:

A Erbarme dich über uns und über die ganze Welt.

Schlussgebet

V Gott, unser Vater, wir danken dir, dass wir hier zusammenkommen konnten, um den Tod deines Sohnes zu betrachten. Wir danken dir für dein Wort, das du uns immer wieder zusagst und das unserem Leben Orientierung und Richtung schenkt. Wir bitten dich: Bleibe bei uns mit deinem Segen, wenn wir jetzt wieder auseinandergehen. Stärke uns, damit wir mutig Zeugnis geben von dir und von deinem Sohn, dessen Tod am Kreuz zum Heil für uns geworden ist. Darum bitten wir dich durch Christus, unseren Herrn, im Heiligen Geist.

A Amen.

V Mit dem Zeichen des Kreuzes segne uns der dreifaltige Gott, der Vater und der Sohn und der Heilige Geist.

A Amen.

V Singet Lob und Preis.

A Dank sei Gott, dem Herrn.

Heilig Kreuz, du Baum der Treue

Kreuzweg mit sieben Stationen

1. Station
Jesus wird zum Tode verurteilt

V Wir beten gemeinsam:

A Heilig Kreuz, du Baum der Treue,
edler Baum, dem keiner gleich,
keiner so an Laub und Blüte,
keiner so an Früchten reich:
Süßes Holz, o süße Nägel,
welche süße Last an euch!

V Jesus wird von Pilatus verurteilt. Allen hat Jesus Gutes getan. Keine Begegnung hat er gescheut. Die Kranken hat Jesus geheilt, mit den Sündern und Zöllnern saß er zu Tisch. Und nun wird ihm selbst größtes Unrecht angetan. Der Schuldlose stirbt für die Schuldigen, das Lamm wird für die Schafe geschlachtet. Zu unserem Heil nimmt Christus das Kreuz auf sich.

Stille

V Seht, das Kreuz, an dem der Herr gehangen, das Heil der Welt:

A Kommt, lasset uns anbeten.

2. Station

Jesus nimmt das Kreuz auf seine Schultern

V Wir beten gemeinsam:

A Beuge, hoher Baum, die Zweige,
werde weich an Stamm und Ast,
denn dein hartes Holz muss tragen
eine königliche Last;
gib den Gliedern deines Schöpfers
an dem Stamme linde Rast.

V Jesus murrt nicht, als ihm die Soldaten das Kreuz aufladen. Er kennt den Plan seines himmlischen Vaters. Er weiß, dass er leiden muss, um von den Toten auferstehen zu können. Das Geheimnis seines Lebens offenbart sich zuhöchst am Kreuz. Der Ort seiner Erhöhung ist zugleich der Eingang in die Herrlichkeit des Vaters. Die Jünger verstehen dieses seltsame Wort nicht. Deswegen flüchten sie aus Angst vor dem Kreuz.

Stille

V Seht, das Kreuz, an dem der Herr gehangen, das Heil der Welt:

A Kommt, lasset uns anbeten.

3. Station
Jesus fällt unter dem Kreuz

V Wir beten gemeinsam:

A Du allein warst wert zu tragen
aller Sünden Lösegeld,
du, die Planke, die uns rettet
aus dem Schiffbruch dieser Welt,
du, gesalbt vom Blut des Lammes,
Pfosten, der den Tod abhält.

V Jesus hat Menschen von ihrer Sünde losgesprochen, er hat sie von der drückenden Last ihrer Sünden befreit. Nun geht er selbst unter der Last des Kreuzes zu Boden. Das Kreuz, das Jesus tragen muss, sind unsere Vergehen, ist unser Leben. Denn für uns und zu unserem Heil geht Jesus den Kreuzweg. Damit wir leben können, stirbt er. Er ist das Abbild der Herrlichkeit Gottes und Vorausbild unseres eigenen Lebens beim Vater.

Stille

V Seht, das Kreuz, an dem der Herr gehangen, das Heil der Welt:

A Kommt, lasset uns anbeten.

4. Station
Simon von Kyrene hilft Jesus das Kreuz tragen

V Wir beten gemeinsam:

A Der König siegt, sein Banner glänzt,
geheimnisvoll erstrahlt das Kreuz,
an dessen Balken ausgereckt
im Fleisch des Fleisches Schöpfer hängt.

V „Und wer nicht sein Kreuz auf sich nimmt und mir nachfolgt, ist meiner nicht wert" (Mt 10,38), sagt Jesus. Auf dem Kreuzweg ruft Jesus noch einmal einen Jünger in seine Nachfolge. Es ist Simon von Kyrene, der gerade vom Feld kommt und unvermittelt auf den Heiland trifft. Er nimmt ihm das Kreuz ab, er geht mit ihm ein Stück auf dem Kreuzweg. Das ist die Nachfolge, die Jesus von jedem seiner Jünger einfordert.

Stille

V Seht, das Kreuz, an dem der Herr gehangen, das Heil der Welt:

A Kommt, lasset uns anbeten.

5. Station
Veronika reicht Jesus das Schweißtuch

V Wir beten gemeinsam:

A Geschunden hängt der heil'ge Leib,
vom scharfen Speere roh durchbohrt;
uns rein zu waschen von der Schuld,
strömt Blut und Wasser von ihm aus.

V Veronika drängt sich durch die gaffende Menge und reicht Jesus ein Schweißtuch. Sein blutüberströmtes Gesicht trocknet er mit dem Tuch. Er dankt Veronika für ihre Barmherzigkeit, die sie dem leidenden Gerechten in der Stunde größter Not erwiesen hat. Veronika erinnert sich an das Wort Christi: „Was ihr für einen meiner geringsten Brüder getan habt, das habt ihr mir getan." (Mt 25,40)

Stille

V Seht, das Kreuz, an dem der Herr gehangen, das Heil der Welt:

A Kommt, lasset uns anbeten.

6. Station
Jesus wird ans Kreuz genagelt

V Wir beten gemeinsam:

A O edler Baum in hehrem Glanz,
von königlichem Purpur rot,
du werter, du erwählter Stamm,
du trägst den Lösepreis der Welt.

V Die Soldaten legen Jesus auf das Kreuz. Sie durchstoßen seine Hände und Füße mit Nägeln. Die Hände, die er einst Kranken aufgelegt hatte, die er Ausgestoßenen gereicht hatte. Die Hände, mit denen er im Abendmahlssaal das Brot gebrochen und den Kelch den Jüngern weitergegeben hatte. Die Füße, die Maria in Betanien salbte und mit ihren Haaren trocknete. Jetzt hängt der geschundene Leib des Heilands am Holz des Kreuzes.

Stille

V Seht, das Kreuz, an dem der Herr gehangen, das Heil der Welt:

A Kommt, lasset uns anbeten.

7. Station

Jesus stirbt am Kreuz

V Wir beten gemeinsam:

A O heil'ges Kreuz, sei uns gegrüßt,
du einz'ge Hoffnung dieser Welt!
Den Treuen schenke neue Kraft,
den Sündern tilge alle Schuld.

V Jesus stirbt am Kreuz. Er, der von der Erde erhöht alle an sich zieht, hängt einsam und verlassen zwischen Himmel und Erde. Noch sind es nur Maria, seine Mutter, und Johannes, der Lieblingsjünger, die ihm in der Stunde des Sterbens beistehen. Doch der römische Zenturio bekennt, dass in diesem Sterben das Heil der Welt seinen Anfang genommen hat: „Wahrhaftig, dieser Mensch war Gottes Sohn." (Mk 15,39)

Stille

V Seht, das Kreuz, an dem der Herr gehangen, das Heil der Welt:

A Kommt, lasset uns anbeten.

Abschluss

V Wir beten gemeinsam:

A Dir, höchster Gott, Dreifaltigkeit,
lobsinge alles, was da lebt.
Du hast uns durch das Kreuz erlöst:
bewahre uns in Ewigkeit.
Amen.

V Heiliger Gott!
Heiliger, starker Gott!
Heiliger, unsterblicher Gott!

A Erbarme dich über uns und über die ganze Welt.

Bleibt in meiner Liebe

Kreuzweg mit vierzehn Stationen

Eröffnungsgebet

V Lasset uns beten. – Herr Jesus, wir wollen deinen Leidensweg nachgehen. Wir wollen betrachten, wie du voller Liebe das Kreuz auf dich genommen hast und wie du zu unserem Heil am Kreuz gestorben bist. Das Kreuz steht in unserer Mitte. Durch deinen Tod ist es zum Zeichen unseres Glaubens und zum Grund unserer Hoffnung geworden. Geh mit uns, Herr Jesus, auf diesem Weg, der ein Weg der Liebe ist. Öffne unsere Herzen, damit wir dich aufnehmen in deinem Wort, das du uns zusagst.

A Amen.

1. Station

Jesus wird zum Tod verurteilt

V Wir beten dich an, Herr Jesus Christus, und preisen dich.

A Denn durch dein heiliges Kreuz hast du die Welt erlöst.

L Wenn ihr meine Gebote haltet, werdet ihr in meiner Liebe bleiben, so wie ich die Gebote meines Vaters gehalten habe und in seiner Liebe bleibe. Dies habe ich euch gesagt, damit meine Freude in euch ist und damit eure Freude vollkommen wird. Das ist mein Gebot, dass ihr einander liebt, so wie ich euch geliebt habe. Es gibt keine größere Liebe, als wenn einer sein Leben für seine Freunde hingibt. Ihr seid meine Freunde, wenn ihr tut, was ich euch auftrage. Ich nenne euch nicht mehr Knechte; denn der Knecht weiß nicht, was sein Herr tut. Vielmehr habe ich euch Freunde genannt; denn ich habe euch alles mitgeteilt, was ich von meinem Vater gehört habe. Nicht ihr habt mich erwählt, sondern ich habe euch erwählt und dazu bestimmt, dass ihr euch aufmacht und Frucht bringt und dass eure Frucht bleibt. Dann wird euch der Vater alles geben, um was ihr ihn in meinem Namen bittet. Dies trage ich euch auf, dass ihr einander liebt. (Joh 15,10-17)

V Christus liebt uns bis zum Tode. Seine Liebe ist sogar so groß, dass er sich für uns in den Tod gibt und sich freiwillig dem Leiden überliefert. In seinem ganzen Leben hat Jesus die Liebe Gottes gelebt: Er hat sich der Sünder und Ausgegrenzten angenommen, er hat mit denen Mahl gehalten, die in der Gesellschaft verachtet waren. Jesus schaut auf das Herz der Menschen. Er misst sie nicht an ihren Leistungen, sondern an dem, wie sie einander vergeben und einander lieben. Das ist das einzige, das für Jesus zählt.

Stille

V Gepriesen bist du, Herr Jesus, der du deine Freunde bis zum Tod geliebt hast. Wir bitten dich:

A Erbarme dich über uns und über die ganze Welt.

2. Station
Jesus nimmt das Kreuz auf seine Schulter

V Wir beten dich an, Herr Jesus Christus, und preisen dich.

A Denn durch dein heiliges Kreuz hast du die Welt erlöst.

L In jener Zeit sprach Jesus: Ich preise dich, Vater, Herr des Himmels und der Erde, weil du das vor den Weisen und Klugen verborgen und es den Unmündigen offenbart hast. Ja, Vater, so hat es dir gefallen. Alles ist mir von meinem Vater übergeben worden; niemand kennt den Sohn, nur der Vater, und niemand kennt den Vater, nur der Sohn und der, dem es der Sohn offenbaren will. Kommt alle zu mir, die ihr mühselig und beladen seid! Ich will euch erquicken. Nehmt mein Joch auf euch und lernt von mir; denn ich bin gütig und von Herzen demütig; und *ihr werdet Ruhe finden für eure Seele.* Denn mein Joch ist sanft und meine Last ist leicht.
(Mt 11,25-30)

V Jesus überfordert die Menschen nicht. Er mutet ihnen nicht mehr zu, als sie tragen und ertragen können. Und doch ist Jesu Botschaft allzu oft eine Zumutung für uns: Denn sie fordert uns auf, Grenzen zu überwinden, über den eigenen Schatten zu springen, Versöhnung und Barmherzigkeit einzuüben. Das fällt uns nicht immer leicht. Das fordert eine kritische Auseinandersetzung mit uns selbst und mit unseren Ansichten. Von Jesus können wir lernen, was es heißt, geduldig das Kreuz zu tragen, sich Zumutungen zu stellen, sich nicht vorschnell davonzuschleichen. Mutig stellt er sich der Geißelung, ohne Zögern nimmt er das Kreuz auf sich und trägt es hinauf nach Golgota.

Stille

V Gepriesen bist du, Herr Jesus, der du geduldig dein Kreuz auf dich geladen hast. Wir bitten dich:

A Erbarme dich über uns und über die ganze Welt.

3. Station
Jesus fällt zum ersten Mal unter dem Kreuz

V Wir beten dich an, Herr Jesus Christus, und preisen dich.

A Denn durch dein heiliges Kreuz hast du die Welt erlöst.

L Die Liebe ist langmütig, die Liebe ist gütig. Sie ereifert sich nicht, sie prahlt nicht, sie bläht sich nicht auf. Sie handelt nicht ungehörig, sucht nicht ihren Vorteil, lässt sich nicht zum Zorn reizen, trägt das Böse nicht nach. Sie freut sich nicht über das Unrecht, sondern freut sich an der Wahrheit. Sie erträgt alles, glaubt alles, hofft alles, hält allem stand. Die Liebe hört niemals auf. (1 Kor 13,4-8)

V Der Kreuzweg Jesu ist auch ein Liebesweg. Die Liebe hört niemals auf, schreibt Paulus im ersten Korintherbrief. Sie erträgt auch die Last, die ihr andere aufbürden, sie schreckt auch vor dem Kreuz nicht zurück. Freiwillig lädt Christus unsere Last auf sich. Von den Soldaten misshandelt, vom Kreuz niedergedrückt, sinkt Jesus zu Boden. Die Kraft schwindet, die Last ist zu groß für einen einzelnen Menschen. Doch die Liebe hört niemals auf: Jesus kann nicht liegenbleiben, er muss den Weg zu Ende gehen. Er muss das Liebeswerk vollenden. Denn er weiß: Die Liebe verwandelt die Leiden in Freude, die Liebe schafft eine neue Welt, die Liebe siegt über den Tod. Die Liebe hört niemals auf.

Stille

V Gepriesen bist du, Herr Jesus, der du zum ersten Mal unter der Kreuzeslast zu Boden gestürzt bist. Wir bitten dich:

A Erbarme dich über uns und über die ganze Welt.

4. Station
Jesus begegnet seiner Mutter

V Wir beten dich an, Herr Jesus Christus, und preisen dich.

A Denn durch dein heiliges Kreuz hast du die Welt erlöst.

L Und es geschah danach, dass er in eine Stadt namens Naïn kam; seine Jünger und eine große Volksmenge folgten ihm. Als er in die Nähe des Stadttors kam, siehe, da trug man einen Toten heraus. Es war der einzige Sohn seiner Mutter, einer Witwe. Und viele Leute aus der Stadt begleiteten sie. Als der Herr die Frau sah, hatte er Mitleid mit ihr und sagte zu ihr: Weine nicht! Und er trat heran und berührte die Bahre. Die Träger blieben stehen und er sagte: Jüngling, ich sage dir: Steh auf! Da setzte sich der Tote auf und begann zu sprechen und Jesus gab ihn seiner Mutter zurück. (Lk 7,11-15)

V Die Begegnung mit Jesus ist für die Mutter des jungen Mannes zutiefst heilsam. Er ruft ihren Sohn zurück ins Leben, er schenkt ihm neues Leben und wandelt die Tränen der Mutter in Freude. Die Begegnung in Naïn ist ein Vorausbild der Begegnung am Kreuzweg: Die Mutter trauert um ihren Sohn, der dem Tod entgegengeht. Doch auch die Tränen Marias werden getrocknet. Denn wie der Jüngling in Naïn zu neuem Leben erwacht, so steht Jesus vom Tod auf, um in der Herrlichkeit Gottes, des Vaters, zu leben. Die Begegnung mit der Mutter am Wegrand ist kein von Trauer erfüllter Abschied. Vielmehr schwingt in ihm die Hoffnung mit, die Hoffnung auf das nie mehr endende Leben.

Stille

V Gepriesen bist du, Herr Jesus, der du am Kreuzweg deiner Mutter Maria begegnet bist. Wir bitten dich:

A Erbarme dich über uns und über die ganze Welt.

5. Station
Simon von Kyrene hilft Jesus das Kreuz tragen

V Wir beten dich an, Herr Jesus Christus, und preisen dich.

A Denn durch dein heiliges Kreuz hast du die Welt erlöst.

L Denn ich war hungrig und ihr habt mir zu essen gegeben; ich war durstig und ihr habt mir zu trinken gegeben; ich war fremd und ihr habt mich aufgenommen; ich war nackt und ihr habt mir Kleidung gegeben; ich war krank und ihr habt mich besucht; ich war im Gefängnis und ihr seid zu mir gekommen. Dann werden ihm die Gerechten antworten und sagen: Herr, wann haben wir dich hungrig gesehen und dir zu essen gegeben oder durstig und dir zu trinken gegeben? Und wann haben wir dich fremd gesehen und aufgenommen oder nackt und dir Kleidung gegeben? Und wann haben wir dich krank oder im Gefängnis gesehen und sind zu dir gekommen? Darauf wird der König ihnen antworten: Amen, ich sage euch: Was ihr für einen meiner geringsten Brüder getan habt, das habt ihr mir getan. (Mt 25,35-40)

V Ob Simon von Kyrene freiwillig Jesus geholfen hat, sein Kreuz zu tragen? Vielleicht wurde er von den Soldaten gezwungen, dem ermatteten Verurteilten zu helfen. Vielleicht wurde Simon auch so sehr vom Mitleid ergriffen, dass er dem Trauerspiel nicht mehr zusehen konnte und Jesus zu Hilfe eilte. Es kostet Überwindung, einem zum Tode verurteilten auf seinem letzten Weg beizustehen. In den Augen der Menge ist er ein Verbrecher, einer, der den grausamen Tod verdient hat.

Simon sieht in Jesus den Nächsten, den er in seiner Not nicht alleine lassen kann. Simon erkennt in Jesus den geringsten unter den Brüdern und sorgt sich um ihn. So erfüllt er auf dem Kreuzweg das Gesetz Christi.

Stille

V Gepriesen bist du, Herr Jesus, der du Simon von Kyrene in deine Nachfolge berufen hast. Wir bitten dich:

A Erbarme dich über uns und über die ganze Welt.

6. Station
Veronika reicht Jesus das Schweißtuch

V Wir beten dich an, Herr Jesus Christus, und preisen dich.

A Denn durch dein heiliges Kreuz hast du die Welt erlöst.

L Als aber die Güte und Menschenfreundlichkeit Gottes, unseres Retters, erschien, hat er uns gerettet – nicht aufgrund von Werken der Gerechtigkeit, die wir vollbracht haben, sondern nach seinem Erbarmen – durch das Bad der Wiedergeburt und die Erneuerung im Heiligen Geist. Ihn hat er in reichem Maß über uns ausgegossen durch Jesus Christus, unseren Retter, damit wir durch seine Gnade gerecht gemacht werden und das ewige Leben erben, das wir erhoffen. (Tit 3,4-7)

V Veronika setzt das Werk Christi fort. Sie nimmt sich des leidenden Kreuzträgers an und erbarmt sich seiner. In barmherziger Liebe reicht sie dem gequälten Heiland das Schweißtuch und erweist ihm den Freundesdienst. Veronika nimmt sich ein Beispiel an der Menschenfreundlichkeit, die Jesus sie gelehrt hat. Sie weiß, dass nun sie in die Verantwortung gerufen ist, dass sie nun in Güte handeln muss. An der Nächstenliebe, die sie dem Verurteilten erweist, erkennen die Umstehenden ihre Zugehörigkeit zu Christus. So legt Veronika durch ihre unscheinbare Tat ein großes Glaubenszeugnis ab.

Stille

V Gepriesen bist du, Herr Jesus, der du dein Angesicht in das Schweißtuch der Veronika gedrückt hast. Wir bitten dich:

A Erbarme dich über uns und über die ganze Welt.

7. Station

Jesus fällt zum zweiten Mal unter dem Kreuz

V Wir beten dich an, Herr Jesus Christus, und preisen dich.

A Denn durch dein heiliges Kreuz hast du die Welt erlöst.

L Als sie Jericho verließen, folgte ihm eine große Zahl von Menschen nach. Und siehe, an der Straße saßen zwei Blinde, und als sie hörten, dass Jesus vorbeikam, riefen sie laut: Hab Erbarmen mit uns, Herr, Sohn Davids! Die Leute aber befahlen ihnen, zu schweigen. Sie aber schrien noch lauter: Hab Erbarmen mit uns, Herr, Sohn Davids! Jesus blieb stehen, rief sie zu sich und sagte: Was wollt ihr, dass ich euch tue? Sie antworteten: Herr, dass unsere Augen geöffnet werden. Da hatte Jesus Mitleid mit ihnen und berührte ihre Augen. Im gleichen Augenblick konnten sie sehen und sie folgten ihm nach. (Mt 20,29-34)

V Den Blinden öffnet Jesus die Augen. Sie können nicht nur die Welt um sich herum sehen und die anderen Menschen wahrnehmen. In der Begegnung mit Jesus öffnet sich ihr Blick auch für eine andere Wirklichkeit: Sie erkennen in Jesus den Sohn Davids und folgen ihm nach. Sie geben ihr Leben auf und stellen es in seinen Dienst. – Wie gut wäre es, auch den Soldaten würden die Augen geöffnet? Dann könnten sie im Verbrecher, den sie zur Kreuzigung treiben, den Heiland der Welt erkennen. So aber bleibt ihr Blick gehalten und sie können den zu Bodengegangenen nur aufraffen und zum Weitergehen zwingen.

Stille

V Gepriesen bist du, Herr Jesus, der du zum zweiten Mal unter dem schweren Kreuz zu Boden gestürzt bist. Wir bitten dich:

A Erbarme dich über uns und über die ganze Welt.

8. Station
Jesus tröstet die weinenden Frauen

V Wir beten dich an, Herr Jesus Christus, und preisen dich.

A Denn durch dein heiliges Kreuz hast du die Welt erlöst.

L Er (Jesus) richtete seine Augen auf seine Jünger und sagte: Selig, ihr Armen, denn euch gehört das Reich Gottes. Selig, die ihr jetzt hungert, denn ihr werdet gesättigt werden. Selig, die ihr jetzt weint, denn ihr werdet lachen. Selig seid ihr, wenn euch die Menschen hassen und wenn sie euch ausstoßen und schmähen und euren Namen in Verruf bringen um des Menschensohnes willen. Freut euch und jauchzt an jenem Tag; denn siehe, euer Lohn im Himmel wird groß sein. Denn ebenso haben es ihre Väter mit den Propheten gemacht. Doch weh euch, ihr Reichen; denn ihr habt euren Trost schon empfangen. Weh euch, die ihr jetzt satt seid; denn ihr werdet hungern. Weh, die ihr jetzt lacht; denn ihr werdet klagen und weinen. Weh, wenn euch alle Menschen loben. Denn ebenso haben es ihre Väter mit den falschen Propheten gemacht. (Lk 6,20-26)

V Die Weinenden preist Jesus selig. Jenen Menschen, die unter Trauer leiden, macht Jesus Mut, er spricht ihnen Hoffnung zu. Doch Jesus selbst ist auf seinem Kreuzweg ohne Trost. Selbst auf seinem letzten Weg muss der gegeißelte Herr noch zum Tröster werden. Die Frauen, die am Wegesrand stehen, weinen und klagen. Sie sind voll Trauer über den Abschied von ihrem Freund und Meister. Jesus aber weiß, dass ihre Not vorübergeht, ihre Trauer wird sich wandeln. So kann Jesus ihnen noch einmal zusagen: „Selig, die ihr jetzt weint, denn ihr werdet lachen."

Stille

V Gepriesen bist du, Herr Jesus, der du die weinenden Frauen von Jerusalem getröstet hast. Wir bitten dich:

A Erbarme dich über uns und über die ganze Welt.

9. Station
Jesus fällt zum dritten Mal unter dem Kreuz

V Wir beten dich an, Herr Jesus Christus, und preisen dich.

A Denn durch dein heiliges Kreuz hast du die Welt erlöst.

L Jetzt wird Gericht gehalten über diese Welt; jetzt wird der Herrscher dieser Welt hinausgeworfen werden. Und ich, wenn ich über die Erde erhöht bin, werde alle zu mir ziehen. Das sagte er, um anzudeuten, auf welche Weise er sterben werde. Die Menge jedoch hielt ihm entgegen: Wir haben aus dem Gesetz gehört, dass der Christus bis in Ewigkeit bleiben wird. Wie kannst du sagen, der Menschensohn müsse erhöht werden? Wer ist dieser Menschensohn? Da sagte Jesus zu ihnen: Nur noch kurze Zeit ist das Licht bei euch. Geht euren Weg, solange ihr das Licht habt, damit euch nicht die Finsternis überrascht! Wer in der Finsternis geht, weiß

nicht, wohin er gerät. Solange ihr das Licht bei euch habt, glaubt an das Licht, damit ihr Söhne des Lichts werdet! Dies sagte Jesus. Und er ging fort und verbarg sich vor ihnen.
(Joh 12,31-36)

V Das ganze Leben Jesu ist von einer eigenartigen Bewegung geprägt: Für Jesus zählt es nicht, „oben" zu sein, er ist lieber bei denen, die ganz unten sind. Dort, wo andere die Augen vor der Not verschließen, dort ist Jesus anzutreffen. Er scheut sich nicht davor, mit denen in Kontakt zu treten, die von der Gesellschaft ausgegrenzt und verachtet werden. Auf dem Kreuzweg wird Jesus selbst einer von ihnen. Als er zum dritten Mal unter der Last des Kreuzes zusammenbricht, ist auch er ganz unten. Doch sein Wort sagt uns, dass in seiner Erniedrigung der Beginn seiner Erhöhung liegt. Das Kreuz ist nicht das Ende. Es ist der Anfang der Herrlichkeit. Denn von der Erde erhöht, wird er alle an sich ziehen.

Stille

V Gepriesen bist du, Herr Jesus, der du zum dritten Mal unter der Last des Kreuzes zusammengebrochen bist. Wir bitten dich:

A Erbarme dich über uns und über die ganze Welt.

10. Station
Jesus wird seiner Kleider beraubt

V Wir beten dich an, Herr Jesus Christus, und preisen dich.

A Denn durch dein heiliges Kreuz hast du die Welt erlöst.

L Ihr habt gehört, dass gesagt worden ist: *Auge fur Auge und Zahn für Zahn.* Ich aber sage euch: Leistet dem, der euch etwas Böses antut, keinen Widerstand, sondern wenn dich einer auf die rechte Wange schlägt, dann halt ihm auch die andere hin! Und wenn dich einer vor Gericht bringen will, um dir das Hemd wegzunehmen, dann lass ihm auch den Mantel! Und wenn dich einer zwingen will, eine Meile mit ihm zu gehen, dann geh zwei mit ihm! Wer dich bittet, dem gib, und wer von dir borgen will, den weise nicht ab! Ihr habt gehört, dass gesagt worden ist: *Du sollst deinen Nächsten lieben* und deinen Feind hassen. Ich aber sage euch: Liebt eure Feinde und betet für die, die euch verfolgen, damit ihr Kinder eures Vaters im Himmel werdet; denn er lässt seine Sonne aufgehen über Bösen und Guten und er lässt regnen über Gerechte und Ungerechte. (Mt 5,38-45)

V Auf Golgota gibt Jesus nicht nur das sprichwörtliche letzte Hemd her, Jesus lässt sich das Gewand vom Leib reißen und steht nackt da. Bloßgestellt wird er den Umstehenden zur Spottfigur. Jesus gibt, ohne darüber nachzudenken, ob es sich rechnet und wie es für ihn ausgeht. Jesus gibt, weil er weiß, dass die anderen wichtiger sind, als er selbst. Liebe ist nicht berechnend und knausrig. Liebe teilt großzügig aus, auch wenn es zu Ungunsten des eigenen Wohls geht. Die Soldaten, die unter sich die Kleider Jesu verteilen, werden Zeugen dieser alles schenkenden Liebe. Dort, am Fuße des Kreuzes, offenbart sich der Ernstfall der Feindesliebe – und Jesus vollzieht sie ohne Wenn und Aber.

Stille

V Gepriesen bist du, Herr Jesus, der du aus Liebe selbst dein letztes Hemd hergegeben hast. Wir bitten dich:

A Erbarme dich über uns und über die ganze Welt.

11. Station
Jesus wird ans Kreuz genagelt

V Wir beten dich an, Herr Jesus Christus, und preisen dich.

A Denn durch dein heiliges Kreuz hast du die Welt erlöst.

L Denn auch Christus hat für euch gelitten und euch ein Beispiel gegeben, damit ihr seinen Spuren folgt. *Er hat keine Sünde begangen und in seinem Mund war keine Falschheit.* Als er geschmäht wurde, schmähte er nicht; als er litt, drohte er nicht, sondern überließ seine Sache dem gerechten Richter. *Er hat unsere Sünden* mit seinem eigenen Leib auf das Holz des Kreuzes *getragen,* damit wir tot sind für die Sünden und leben für die Gerechtigkeit. *Durch seine Wunden seid ihr geheilt.* (1 Petr 2,21-24)

V Der Kreuzweg hat sein Ende erreicht. Die Soldaten vollstrecken das Todesurteil. Jesus aber lässt sich ohne Murren ans Kreuz schlagen. Er wird gequält, verhöhnt, verspottet, gegeißelt, verlacht und verachtet. Aber er tut seinen Mund nicht auf, um sich gegen die Schmähungen zu wehren. Er leidet still und geduldig. Mehr noch: Er betet für seine Feinde, er vergibt ihnen, er spricht ihnen die barmherzige Liebe Gottes zu. So ist Christus unser Vorbild geworden: In der Vergebung, die den Hass durchbricht; in der Liebe, die nicht auf den eigenen Vorteil aus ist; in der Barmherzigkeit, die bis zuletzt das Gute im Menschen erkennt.

Stille

V Gepriesen bist du, Herr Jesus, der du ans Kreuz genagelt wurdest. Wir bitten dich:

A Erbarme dich über uns und über die ganze Welt.

12. Station

Jesus stirbt am Kreuz

V Wir beten dich an, Herr Jesus Christus, und preisen dich.

A Denn durch dein heiliges Kreuz hast du die Welt erlöst.

L Jesus versammelte die Zwölf um sich und sagte zu ihnen: Siehe, wir gehen nach Jerusalem hinauf; und es wird sich alles erfüllen, was bei den Propheten über den Menschensohn geschrieben steht. Denn er wird den Heiden ausgeliefert, wird verspottet, misshandelt und angespuckt werden und man wird ihn geißeln und töten und am dritten Tag wird er auferstehen. Doch die Zwölf verstanden das alles nicht; der Sinn der Worte war ihnen verschlossen und sie begriffen nicht, was er sagte. (Lk 18,31-34)

V Jesus ist am Kreuz gestorben. Es ist das Offensichtliche des Karfreitags: Jesus ist tot, sein Leben ist zu Ende. Das Kreuz deuten die Umstehenden auf Golgota als das Ende des Mannes aus Nazaret. Sie meinen, sie hätten ihn endgültig aus der Welt geschafft und seinem Wirken einen bitteren Abschluss bereitet. Doch wie die Zwölf, so verstehen auch sie die Botschaft Jesu nicht. Der Tod Jesu am Kreuz ist nur ein Übergang in ein neues Leben. Am Kreuz hört nicht etwas auf, sondern etwas Neues beginnt. Als Christen können wir deswegen auch bekennen: Im Kreuz ist Heil, im Kreuz ist Leben, im Kreuz ist Hoffnung.

Stille

V Gepriesen bist du, Herr Jesus, der du am Kreuz für uns gestorben bist. Wir bitten dich:

A Erbarme dich über uns und über die ganze Welt.

13. Station
Jesus wird vom Kreuz genommen und in den Schoß der Mutter gelegt

V Wir beten dich an, Herr Jesus Christus, und preisen dich.

A Denn durch dein heiliges Kreuz hast du die Welt erlöst.

L Am dritten Tag fand in Kana in Galiläa eine Hochzeit statt und die Mutter Jesu war dabei. Auch Jesus und seine Jünger waren zur Hochzeit eingeladen. Als der Wein ausging, sagte die Mutter Jesu zu ihm: Sie haben keinen Wein mehr. Jesus erwiderte ihr: Was willst du von mir, Frau? Meine Stunde ist noch nicht gekommen. Seine Mutter sagte zu den Dienern: Was er euch sagt, das tut! (Joh 2,1-5)

V Glaubend hat sich Maria in den Dienst Gottes gestellt. Sie hat sich und ihr Leben ganz seiner Vorsehung anvertraut. So ist sie auch zur ersten Zeugin ihres Sohnes geworden. Bei der Hochzeit zu Kana hat sie die Diener aufgerufen, das Wort ihres Sohnes zu hören und es zu befolgen. Jetzt ist ihr Glaube gefordert, jetzt muss Maria dem Wort ihres Sohnes vertrauen. Oft hat Jesus vom Leben gesprochen, andere hat er vom Tod auferweckt, seine eigene Auferstehung hat er vorausgesagt. Den toten Sohn im Schoß muss Maria hoffnungsvoll ganz seinem Wort vertrauen.

Stille

V Gepriesen bist du, Herr Jesus, der du in den Schoß deiner Mutter gelegt wurdest. Wir bitten dich:

A Erbarme dich über uns und über die ganze Welt.

14. Station
Jesus wird ins Grab gelegt

V Wir beten dich an, Herr Jesus Christus, und preisen dich.

A Denn durch dein heiliges Kreuz hast du die Welt erlöst.

L Jesus sagte: Womit sollen wir das Reich Gottes vergleichen, mit welchem Gleichnis sollen wir es beschreiben? Es gleicht einem Senfkorn. Dieses ist das kleinste von allen Samenkörnern, die man in die Erde sät. Ist es aber gesät, dann geht es auf und wird größer als alle anderen Gewächse und treibt große Zweige, sodass in seinem Schatten die Vögel des Himmels nisten können. (Mk 4,30-32)

V Es ist ein ganz natürlicher Vorgang, den wir beobachten können: Eine Pflanze kann nur wachsen, wenn zuvor ein Samenkorn in die Erde ausgebracht wurde. Leben kann nur entstehen, wo dem Samen ein Grab im Erdboden bereitet wurde. Jesus vergleicht deshalb sein Leben mit diesem Samenkorn: Er selbst muss sterben, um zu leben. Er selbst muss sich am Kreuz hingeben, damit er in seine Herrlichkeit eingehen kann. Was auf Golgota geschieht, entzieht sich unserem Begreifen. Wir können nur versuchen, es im Glauben zu verstehen. Denn der Glaube ist größer als das Begreifen. Allein der Glaube offenbart uns, dass im Menschen Jesus aus

Nazaret Gott selbst ganz und gar unter uns gelebt hat. Es ist das Geheimnis des Glaubens, das wir immer neu miteinander feiern.

Stille

V Gepriesen bist du, Herr Jesus, der du ins Grab gelegt wurdest. Wir bitten dich:

A Erbarme dich über uns und über die ganze Welt.

Durch seine Wunden sind wir geheilt

Kreuzweg mit fünfzehn Stationen

Eröffnungsgebet

Herr Jesus Christus, wir haben uns in deinem Namen versammelt, um den Weg nachzugehen, der dich hinauf zum Berg Golgota führte. Für uns und zu unserem Heil hast du das Kreuz auf dich genommen. Um uns zu retten, bist du am Kreuz gestorben. So hast du die Welt mit Gott versöhnt und das neue Leben geschaffen, das keine Grenzen mehr kennt. Herr Jesus, sei du selbst jetzt in unserer Mitte. Höre auf unsere Gebete und erhöre auch die Bitten, die wir unausgesprochen im Herzen tragen. Du kennst sie. Du weißt um unsere Sorgen. Du bist uns nahe alle Tage unseres Lebens.
Heiliger Gott!
Heiliger, starker Gott!
Heiliger, unsterblicher Gott!

A Erbarme dich unser.

1. Station

Jesus wird zum Tode verurteilt

Lied: *GL 271 (O Herr, aus tiefer Klage)*

V Wir beten dich an, Herr Jesus Christus, und preisen dich.

A Denn durch dein heiliges Kreuz hast du die Welt erlöst.

V Jesus wird gefesselt vor den Statthalter Pilatus geführt. Die Dornenkrone trägt er schon auf dem Haupt. Eigentlich ist sein Urteil doch schon längst gefällt. Der Richter sitzt dort und mustert den Angeklagten. Welche Schuld legt man ihm zur Last? Seht, da ist ein Mensch, der die Menschen liebte und ihnen von Gott erzählte. Seht, da ist ein Mensch, der Kranke heilte und Tote zum Leben erweckte. Ob das eine harte Strafe nach sich zieht? Pilatus ist unsicher.

L Pilatus sagte zu ihnen: Was soll ich dann mit Jesus tun, den man den Christus nennt? Da antworteten sie alle: Ans Kreuz mit ihm! Er erwiderte: Was für ein Verbrechen hat er denn begangen? Sie aber schrien noch lauter: Ans Kreuz mit ihm! Als Pilatus sah, dass er nichts erreichte, sondern dass der Tumult immer größer wurde, ließ er Wasser bringen, wusch sich vor allen Leuten die Hände und sagte: Ich bin unschuldig am Blut dieses Menschen. (Mt 27,22-24)

V Menschen werden verurteilt, weil sie angeblich etwas Bestimmtes getan haben, weil jemand meint, sie doch gesehen zu haben. Menschen werden aufgrund ihres Aussehens oder ihrer Religion verurteilt. Das Urteil über andere Menschen ist schnell gefällt. Manchmal leider allzu schnell, unüberlegt und unreflektiert. Und wenn man merkt, dass es vielleicht doch falsch war, dann wäscht man die Hände einfach in Unschuld. Mit der Vollstreckung des Urteils möchte man nichts zu tun haben. Das ist Sache der Anderen.

V Herr Jesus Christus, Pilatus hat sich dem Geschrei der Menge ergeben und das ungerechte Urteil über dich gesprochen. Wir bitten dich:

A Erbarme dich über uns und über die ganze Welt.

2. Station

Jesus nimmt das Kreuz auf seine Schultern

Lied: *GL 274 (Und suchst du meine Sünde)*

V Wir beten dich an, Herr Jesus Christus, und preisen dich.

A Denn durch dein heiliges Kreuz hast du die Welt erlöst.

V Jesus hält das Kreuz in den Händen. Nicht genug, dass er grausam hingerichtet wird. Er muss das Folterinstrument auch noch selbst durch die Gassen Jerusalems tragen. Bedenklich blickt er auf den großen Balken. Er weiß, dass seine Kraft nicht ausreicht. Doch den Kreuzweg muss er alleine gehen. Keiner ist da. Verlassen umfasst er das Kreuz. Jetzt muss er das Werk des Vaters vollenden.

L Da nahmen die Soldaten des Statthalters Jesus, führten ihn in das Prätorium und versammelten die ganze Kohorte um ihn. Sie zogen ihn aus und legten ihm einen purpurnen Mantel um. Dann flochten sie einen Kranz aus Dornen; den setzten sie ihm auf das Haupt und gaben ihm einen Stock in die rechte Hand. Sie fielen vor ihm auf die Knie und verhöhnten ihn, indem sie riefen: Sei gegrüßt, König der Juden! Und sie spuckten ihn an, nahmen ihm den Stock wieder weg und schlugen damit auf seinen Kopf. Nachdem sie so ihren Spott mit ihm getrieben hatten, nahmen sie ihm den Mantel ab und zogen ihm seine eigenen Kleider wieder an. Dann führten sie Jesus hinaus, um ihn zu kreuzigen. (Mt 27,27-31)

V Jeder muss sein Kreuz tragen. Keiner bleibt im Laufe seines Lebens vor den vielen Kreuzen verschont. Für den einen ist es die schwere Krankheit, die kräftezehrende Behandlung, die bittere Enttäuschung der Hoffnung. Für andere trägt das Kreuz die Namen Arbeitslosigkeit, Zukunftsangst, Mobbing. Jedem geht es irgendwann so, wie es Jesus ergangen ist. Plötzlich steht man einsam da und hält sein Kreuz in Händen. Und weiß, dass man den Weg gehen muss.

V Herr Jesus Christus, die Soldaten haben ihren Spott mit dir getrieben und dir das schwere Kreuz aufgeladen. Wir bitten dich:

A Erbarme dich über uns und über die ganze Welt.

3. Station

Jesus fällt zum ersten Mal unter dem Kreuz

Lied: *GL 267 (O Mensch, bewein dein Sünde groß)*

V Wir beten dich an, Herr Jesus Christus, und preisen dich.

A Denn durch dein heiliges Kreuz hast du die Welt erlöst.

V Gefallen. Gestolpert. Von der Last des Kreuzes niedergedrückt. Jesus zeigt dem Betrachter den Rücken. Er will nicht, dass man sein schmerzverzerrtes Gesicht sieht. Er will den Weg zu Ende gehen. Er muss doch den Willen des Vaters erfüllen. Jesus lässt das Kreuz nicht los. Er weiß, dass sein Schick-

sal besiegelte Sache ist. „Deinen Willen zu tun, mein Gott, war mein Gefallen und deine Weisung ist in meinem Innern."
(Ps 40,9)

L Aber er hat unsere Krankheit getragen und unsere Schmerzen auf sich geladen. Wir meinten, er sei von Gott geschlagen, von ihm getroffen und gebeugt. Doch er wurde durchbohrt wegen unserer Vergehen, wegen unserer Sünden zermalmt. Zu unserem Heil lag die Züchtigung auf ihm, durch seine Wunden sind wir geheilt.
(Jes 53,4-5)

V Keine Kraft mehr haben, um das Kreuz zu tragen. Auch das ist eine menschliche Erfahrung. Manchmal gewinnt die Last die Überhand. Man ermattet und sinkt zu Boden. Es hat doch alles keinen Sinn mehr! Freiwillig ergibt man sich dem Schicksal – man kann es doch sowieso nicht mehr ändern! Resignation, Aussichtslosigkeit, Enttäuschung – daliegen und nicht mehr weiter wissen. Ob der Last des Kreuzes zum ersten Mal gefallen.

V Herr Jesus Christus, das Kreuz, das du auf den Schultern trägst, zwingt dich zu Boden und du fällst zum ersten Mal. Wir bitten dich:

A Erbarme dich über uns und über die ganze Welt.

4. Station
Jesus begegnet seiner Mutter

Lied: *GL 532 (Christi Mutter stand mit Schmerzen)*

V Wir beten dich an, Herr Jesus Christus, und preisen dich.

A Denn durch dein heiliges Kreuz hast du die Welt erlöst.

V Am Wegesrand steht die Mutter Jesu. Sie eilt auf den Sohn zu und will ihn ein letztes Mal in ihre Arme schließen. Doch Jesus lässt das Kreuz nicht mehr los. Mit der Hand hat er es fest umschlungen. Jetzt ist seine Stunde gekommen. Jetzt muss der Menschensohn verherrlicht werden. Die Mutter kann ihn nicht mehr abhalten. Jetzt muss er das Werk seines himmlischen Vaters vollenden.

L Als der Wein ausgegangen war, sagte die Mutter Jesu zu ihm: Sie haben keinen Wein mehr. Jesus erwiderte ihr: Was willst du von mir, Frau? Meine Stunde ist noch nicht gekommen. Seine Mutter sagte zu den Dienern: Was er euch sagt, das tut!
(Joh 2,3-5)

V Mütter weinen um ihre Kinder, denn sie sind viel zu früh verstorben. Mütter weinen um ihre Kinder, denn sie leiden und werden von Schmerzen gequält. Mütter weinen um ihre Kinder, denn sie schlagen einen besonderen Lebensweg ein und setzen ihren eigenen Willen durch. Tränen der Sorge und der Trauer. Tränen der Hoffnung und des Vertrauens, dass Er es gut macht.

V Herr Jesus Christus, am Wegesrand begegnest du deiner weinenden Mutter, die dich auf deinem Kreuzweg trösten möchte. Wir bitten dich:

A Erbarme dich über uns und über die ganze Welt.

5. Station

Simon von Kyrene hilft Jesus das Kreuz tragen

Lied: *GL 461 („Mir nach", spricht Christus, unser Held)*

V Wir beten dich an, Herr Jesus Christus, und preisen dich.

A Denn durch dein heiliges Kreuz hast du die Welt erlöst.

V Jesus muss das Kreuz weitertragen, auch wenn ihm alle Kraft geschwunden ist. Sein Blick richtet sich nach vorne: das Kreuz ist sein Ziel. Der vom Acker kommende Simon muss ihm helfen. Doch er ist unentschlossen, ob er wirklich Jünger dieses Mannes werden möchte. Noch schaut er zurück. Noch sieht er sein altes Leben. Schon längst hat er seine Zusage gegeben und hält das Kreuz in seinen Händen.

L Wieder ein anderer sagte: Ich will dir nachfolgen, Herr. Zuvor aber lass mich Abschied nehmen von denen, die in meinem Hause sind. Jesus erwiderte ihm: Keiner, der die Hand an den Pflug gelegt hat und nochmals zurückblickt, taugt für das Reich Gottes. (Lk 9,61-62)

Und wer nicht sein Kreuz auf sich nimmt und mir nachfolgt, ist meiner nicht wert. Wer das Leben findet, wird es verlieren; wer aber das Leben um meinetwillen verliert, wird es finden. (Mt 10,38-39)

V Einem fremden Menschen zu Hilfe eilen, ihn unterstützen, die eigene Kraft einbringen, um ihn zu entlasten. Das ist nicht jedermanns Sache. Was geht mich dieser Mensch an? Er wird diese Strafe wohl zu Recht erhalten haben. Was kümmern mich die Sorgen und Ängste des Anderen? Jeder ist sich selbst der Nächste. Jeder muss alleine schauen, wie er sich am besten durchsetzen kann. Wer das nicht mehr schafft, der ist verloren.

V Herr Jesus Christus, als dir die Kraft ausgegangen war, haben die Soldaten Simon von Kyrene gezwungen, dir zu helfen. Wir bitten dich:

A Erbarme dich über uns und über die ganze Welt.

6. Station

Veronika reicht Jesus das Schweißtuch

Lied: *GL 291 (Holz auf Jesu Schulter)*

V Wir beten dich an, Herr Jesus Christus, und preisen dich.

A Denn durch dein heiliges Kreuz hast du die Welt erlöst.

V Erschrocken sieht Jesus sein Antlitz, das sich auf dem Schweißtuch der Veronika abgebildet hat. Vielleicht kann er selbst noch nicht begreifen, in welch aussichtsloser Situation er sich befindet. Vielleicht ist er selbst erschrocken, über sein Aussehen und die Wunden, welche die Geißelung hinterlassen haben. Und Veronika? Welche Worte kommen in diesem Augenblick über ihre Lippen? Die letzte Erinnerung an den Freund und Meister ist sein schmerzverzogenes Gesicht.

L Mein Herz denkt an dich: Suchet mein Angesicht! Dein Angesicht, HERR, will ich suchen. Verbirg nicht dein Angesicht vor mir; weise deinen Knecht im Zorn nicht ab! Du wurdest meine Hilfe. Verstoß mich nicht, verlass mich nicht, du Gott meines Heils! (Ps 27,8-9)

V Vom Schmerz verzerrte Gesichter sehen wir tagtäglich: in den Nachrichten, in der Zeitung, draußen auf der Straße. Erschüttert uns solches Aussehen noch? Wegdrehen, umschalten, schnell eine andere Richtung einschlagen: bloß diesen Menschen nicht in die Augen schauen müssen. Und wir? Welche Worte kommen uns im Blick auf das gequälte Antlitz über die Lippen? Oder hüllen wir uns in Schweigen?

V Herr Jesus Christus, Veronika hat dir das Tuch gereicht, mit dem du dir Blut und Schweiß aus dem Gesicht wischst. Wir bitten dich:

A Erbarme dich über uns und über die ganze Welt.

7. Station
Jesus fällt zum zweiten Mal unter dem Kreuz

Lied: *GL 290 (Herzliebster Jesu, was hast du verbrochen)*

V Wir beten dich an, Herr Jesus Christus, und preisen dich.

A Denn durch dein heiliges Kreuz hast du die Welt erlöst.

V Wieder hinfallen. Tiefer, als beim ersten Mal. In die Knie gezwungen von der unsäglichen Last, die immer schwerer drückt. Noch ein Versuch, sich mit einer Hand abzustützen. Sich wieder aufzurichten und weiterzugehen. Die andre Hand hält das Kreuz noch mit letzter Kraft. Nicht loslassen. Es muss weitergehen. Auf diesem Weg darf Jesus nicht scheitern.

L Ich bin der Mann, der Leid erlebt hat durch die Rute seines Grimms. Er hat mich getrieben und gedrängt in Finsternis, nicht ins Licht. Mit Quadern hat er mir die Wege verriegelt, meine Pfade irregeleitet. Meine Zähne ließ er auf Kiesel beißen, er drückte mich in den Staub. (Klgl 3,1-2.9.16)

V Wieder reicht die Kraft nur für eine kurze Wegstrecke. Wieder straucheln und hinfallen. Wieder am Boden liegen und hoffen, dass die Kraft reicht, sich noch einmal aufzustemmen, noch einmal den Kampf aufzunehmen. Und wenn nicht? Hoffnung wider alle Hoffnungslosigkeit, den Glauben an das Licht selbst in tiefster Nacht nicht aufgeben: auf seine Rettung vertrauen.

V Herr Jesus Christus, unter dem schweren Kreuz fällst du ein weiteres Mal zu Boden. Wir bitten dich:

A Erbarme dich über uns und über die ganze Welt.

8. Station

Jesus begegnet den weinenden Frauen

Lied: *GL 270 (Kreuz, auf das ich schaue)*

V Wir beten dich an, Herr Jesus Christus, und preisen dich.

A Denn durch dein heiliges Kreuz hast du die Welt erlöst.

V Die Frauen stehen am Kreuzweg und beobachten das traurige Schauspiel. Sie können ihre Emotionen nicht zurückhalten. Den Schleier tief übers Gesicht gezogen. Jesus aber kann sie nicht trösten. Das Kreuz kann er nicht mehr loslassen. Sein Weg ist vorgezeichnet. Und er hat eingewilligt, ihn zu gehen.

L Es folgte ihm eine große Menge des Volkes, darunter auch Frauen, die um ihn klagten und weinten. Jesus wandte sich zu ihnen um und sagte: Töchter Jerusalems, weint nicht über mich; weint vielmehr über euch und eure Kinder! Denn siehe, es kommen Tage, da wird man sagen: Selig, die Frauen, die unfruchtbar sind, die nicht geboren und nicht gestillt haben. Dann wird man zu den Bergen sagen: *Fallt auf uns! und zu* *den Hügeln: Deckt uns zu!* Denn wenn das mit dem grünen Holz geschieht, was wird dann erst mit dem dürren werden? (Lk 23,27-31)

V Ein Wort des Mitgefühls in tiefer Trauer. Eine Umarmung, ein Besuch. Es ist wohltuend, in den schweren Stunden des Lebens nicht alleine zu sein. Geteiltes Leid ist halbes Leid: zusammen weinen, zusammen glauben, zusammen hoffen. Der in den Tod Gehende spendet den Frauen Trost: Er versucht, ihre Augen für das größere Geheimnis zu öffnen, für die Wirklichkeit Gottes, die sie noch nicht sehen.

V Herr Jesus Christus, du begegnest auf deinem Kreuzweg den weinenden Frauen von Jerusalem und sprichst ihnen ein Trostwort zu. Wir bitten dich:

A Erbarme dich über uns und über die ganze Welt.

9. Station

Jesus fällt zum dritten Mal unter dem Kreuz

Lied: *GL 268 (Erbarme dich, erbarm dich mein)*

V Wir beten dich an, Herr Jesus Christus, und preisen dich.

A Denn durch dein heiliges Kreuz hast du die Welt erlöst.

V Das Gesicht in den Staub gedrückt. Das Kreuz hat den Kampf gewonnen. Jesus bricht zusammen und liegt regungslos da. Alle Kraft ist geschwunden. Den Balken kann er nicht mehr umklammern. Ein Spektakel für die Umstehenden, viele schauen dem Kreuzweg zu. Eine willkommene Abwechslung im tristen Alltag. Endlich gibt es etwas zu sehen. Den Zuschauern macht die Qual des Verurteilten Freude.

L Gut ist es für den Mann, ein Joch zu tragen in der Jugend. Er sitze einsam und schweige, wenn der HERR es ihm auflegt. Er beuge in den Staub seinen Mund; vielleicht ist noch Hoffnung. Er biete die Wange dem, der ihn schlägt, und lasse sich sättigen mit Schmach. Denn nicht für immer verwirft der Herr. Hat er betrübt, erbarmt er sich auch wieder nach seiner großen Huld. (Klgl 3,27-32)

V Dabeistehen und zuschauen. Neugierig gaffen. Selbst möchte man nichts damit zu tun haben. Aber schon interessant, was dort geschieht. Es gibt auch den Fall des schuldigen Zuschauers: Jenes Menschen, der nur schaut, ohne selbst zu helfen, der sich am Leid des andren erfreut und es nicht für nötig hält, selbst tätig zu werden. Oder jene, die durch ihre Sensationslust die Rettungsarbeiten behindern. Dabeistehen und zuschauen. Menschliches Leben zählt für sie nicht.

V Herr Jesus Christus, du bist zum dritten Mal zu Boden gefallen. Wir bitten dich:

A Erbarme dich über uns und über die ganze Welt.

10. Station
Jesus wird seiner Kleider beraubt

Lied: *GL 283 (Aus der Tiefe rufe ich zu dir)*

V Wir beten dich an, Herr Jesus Christus, und preisen dich.

A Denn durch dein heiliges Kreuz hast du die Welt erlöst.

V Regungslos steht Jesus da. Er ist auf dem Kalvarienberg angekommen. Seine letzte Stunde hat geschlagen. Der Schächer reißt ihm die Kleidung vom Leib. Er entblößt den heiligen Leib. Auch der letzte Schutz wird Jesus genommen. Nackt zieht er alle Blicke auf sich. Seht, da ist der Mensch: die Striemen und Wunden der Geißelung liegen offen.

L So kamen sie an den Ort, der Golgota genannt wird, das heißt Schädelhöhe. Und sie gaben ihm Wein zu trinken, der mit Galle vermischt war; als er aber davon gekostet hatte, wollte er ihn nicht trinken. Nachdem sie ihn gekreuzigt hatten, *verteilten sie seine Kleider, indem sie das Los über sie warfen.* Dann setzten sie sich nieder und bewachten ihn dort. (Mt 27,33-36)

V Man kann Menschen auch mit Blicken ausziehen. Ihnen den letzten Rest Würde rauben, indem man sie bloßstellt und zum Gespött macht. Jeder Mensch besitzt unveräußerliche Rechte. Doch wie oft werden sie missachtet und absichtlich gebrochen? Wie oft werden Menschen zum Spielball eiskalter Berechnung und des unbegrenzten Expansionstriebes? Menschen, ihrer Kleider und ihrer Würde beraubt. Nackt, verletzlich, verspottet.

V Herr Jesus Christus, die Soldaten haben dir die Kleider vom Leib gerissen und das Los um dein Gewand geworfen. Wir bitten dich:

A Erbarme dich über uns und über die ganze Welt.

11. Station

Jesus wird ans Kreuz genagelt

Lied: *GL 294 (O du hochheilig Kreuze)*

V Wir beten dich an, Herr Jesus Christus, und preisen dich.

A Denn durch dein heiliges Kreuz hast du die Welt erlöst.

V Ans Kreuz geschlagen. Die brutale Hinrichtung nimmt Gestalt an. Der Henker bringt sein Werk zu Ende. Jesus wird festgenagelt am Holz – am Holz des Todes, am Holz des Lebens. Der Gottesknecht hängt zwischen Himmel und Erde. Er will alle an sich ziehen. Er will, dass alle zu ihm kommen, um in ihm das Leben zu finden.

L Über seinem Kopf hatten sie eine Aufschrift angebracht, die seine Schuld angab: Das ist Jesus, der König der Juden. Zusammen mit ihm wurden zwei Räuber gekreuzigt, der eine rechts von ihm, der andere links. Die Leute, die vorbeikamen, verhöhnten ihn, schüttelten den Kopf und riefen: Du willst den Tempel niederreißen und in drei Tagen wieder aufbauen? Wenn du Gottes Sohn bist, rette dich selbst und steig herab vom Kreuz! Ebenso verhöhnten ihn auch die Hohepriester, die Schriftgelehrten und die Ältesten und sagten: Andere hat er gerettet, sich selbst kann er nicht retten. Er ist doch der König von Israel! Er soll jetzt vom Kreuz herabsteigen, dann werden wir an ihn glauben. (Mt 27,37-42)

V Nicht selten wird Menschen, die sich in einer ausweglosen Situation befinden, nur Hohn und Spott zuteil. Weil sie sowieso schon wehrlos sind, kann man leicht auf sie eintreten. Sie haben es nicht anders verdient. Hätten sie zuvor den Mund nicht so weit aufgerissen. Hätten sie es doch anders gemacht. Die Entscheidung lag doch in ihrer Hand. Jetzt nur kein Mitleid, keine Anteilnahme.

V Herr Jesus Christus, die Soldaten haben dich an das Holz des Kreuzes genagelt. Wir bitten dich:

A Erbarme dich über uns und über die ganze Welt.

12. Station

Jesus stirbt am Kreuz

Lied: *GL 297 (Wir danken dir, Herr Jesu Christ)*

V Wir beten dich an, Herr Jesus Christus, und preisen dich.

A Denn durch dein heiliges Kreuz hast du die Welt erlöst.

V Jesus ist gestorben. Den Kopf geneigt hängt er am Kreuz. Der Blick geht nach unten, zur Erde, in Richtung Grab. Die Dunkelheit des Karfreitags breitet sich über das Land. Der Vorhang im Tempel zerreißt und legt das Allerheiligste frei. Der Zugang zu Gott steht offen. Im Gekreuzigten ist das

Werk vollbracht, Himmel und Erde miteinander versöhnt. Im Kreuz ist Heil, Leben und Hoffnung.

L Von der sechsten Stunde an war Finsternis über dem ganzen Land bis zur neunten Stunde. Um die neunte Stunde schrie Jesus mit lauter Stimme: *Eli, Eli, lema sabachtani?*, das heißt: *Mein Gott, mein Gott, warum hast du mich verlassen?* Einige von denen, die dabeistanden und es hörten, sagten: Er ruft nach Elija. Sogleich lief einer von ihnen hin, tauchte einen Schwamm in Essig, steckte ihn auf ein Rohr und gab Jesus zu trinken. Die anderen aber sagten: Lass, wir wollen sehen, ob Elija kommt und ihm hilft. Jesus aber schrie noch einmal mit lauter Stimme. Dann hauchte er den Geist aus. Und siehe, der Vorhang riss im Tempel von oben bis unten entzwei. (Mt 27,45-51a)

V Sehnsüchtig ausschauen. Mit so viel Hoffnung in die Zukunft blicken. Es wird schon besser kommen, als gedacht. Doch der bittere Essig macht alle Sehnsucht zunichte. Zurück auf dem Boden der Tatsachen, muss man sich der Wirklichkeit stellen. Es gibt nichts mehr zu beschönigen. Der Tod steht unmittelbar bevor. Das Kreuz ist aufgerichtet. Jetzt kann man nur noch glauben. Glauben und vertrauen. Und wider aller Hoffnungslosigkeit das Größere wagen.

V Herr Jesus Christus, um die neunte Stunde bist du für uns am Kreuz gestorben. Wir bitten dich:

A Erbarme dich über uns und über die ganze Welt.

13. Station

Jesus wird vom Kreuz genommen und in den Schoß seiner Mutter gelegt

Lied: *GL 299 (Der König siegt, sein Banner glänzt)*

V Wir beten dich an, Herr Jesus Christus, und preisen dich.

A Denn durch dein heiliges Kreuz hast du die Welt erlöst.

V Die Mutter Jesu steht bis zuletzt unter dem Kreuz. Auch als alle Jünger aus Angst geflohen waren, bleibt sie zurück. Ihr Ja, das sie damals dem Engel gegeben hatte, gilt bis heute. Sie kann glauben, dass Gott auch jetzt nicht fern ist, dass der Tod des Sohnes einen tieferen Sinn hat. Die Pietà ist das Bild des größten Leids, das Menschen empfinden können. Die Pietà ist aber auch Bild für den größten Glauben und die unzerstörbare Hoffnung.

L Josef aus Arimathäa war ein Jünger Jesu, aber aus Furcht vor den Juden nur im Verborgenen. Er bat Pilatus, den Leichnam Jesu abnehmen zu dürfen, und Pilatus erlaubte es. Also kam er und nahm den Leichnam ab. (Joh 19,38)

V Die Stille aushalten. Die Stille ertragen. Totenstille. Durchbrochen vom trauernden Klagen um den Geliebten. Warum jetzt schon? Warum so früh? Warum plötzlich und unerwartet? Wer kann schon Antwort geben? Wir Menschen können die Dinge nur aus menschlicher Perspektive deuten. So vieles verstehen wir nicht. So vieles löst Unverständnis und Wut aus. Gott aber macht alles gut. Unser Schicksal steht in seiner Hand. Er kann weiter sehen als wir.

V Herr Jesus Christus, dein Leichnam wurde vom Kreuz abgenommen und in den Schoß deiner jungfräulichen Mutter gelegt. Wir bitten dich:

A Erbarme dich über uns und über die ganze Welt.

14. Station

Der heilige Leichnam Jesu wird in das Grab gelegt

Lied: *GL 295 (O Traurigkeit, o Herzeleid)*

V Wir beten dich an, Herr Jesus Christus, und preisen dich.

A Denn durch dein heiliges Kreuz hast du die Welt erlöst.

V Josef von Arimathäa, ein Jünger Jesu, erweist dem gestorbenen Meister die letzte menschliche Ehre. Er setzt den Leichnam Jesu in einem Grab bei. Nun hat das irdische Leben Jesu ein Ende gefunden. Hier, im Grab, ist sein Platz für die Ewigkeit. Hier wird er zur Erde zurückkehren, von der er genommen ist. Davon sind die überzeugt, die den Toten beisetzen.

L Josef nahm den Leichnam und hüllte ihn in ein reines Leinentuch. Dann legte er ihn in ein neues Grab, das er für sich selbst in einen Felsen hatte hauen lassen. Er wälzte einen großen Stein vor den Eingang des Grabes und ging weg. Auch Maria aus Magdala und die andere Maria waren dort; sie saßen dem Grab gegenüber. (Mt 27,59-61)

V Karsamstagsstimmung: Am Grab stehen und weinen, in Erinnerungen an den Verstorbenen schwelgen. War das wirklich schon alles? In die Trauer mischt sich Hoffnung. Und Sehnsucht. Nach Leben, nach Trost, nach Nähe. Was ist der Sinn des Lebens? Geboren zu werden, nur um zu sterben? Der Glaube ist größer, als die Sinnlosigkeit. Der Glaube an das Leben ist stärker, als der Tod. Karsamstagsstimmung: Innere Unruhe, weil das Grab doch nicht das Letzte sein kann.

V Herr Jesus Christus, dein Leichnam wurde in das Grab gelegt. Wir bitten dich:

A Erbarme dich über uns und über die ganze Welt.

15. Station

Jesus ist von den Toten auferstanden

Lied: *GL 210 (Das Weizenkorn muss sterben)*

V Wir beten dich an, Herr Jesus Christus, und preisen dich.

A Denn durch dein heiliges Kreuz hast du die Welt erlöst.

V Das Kreuz ist kein Schlusspunkt, sondern der Beginn. Der Karfreitag ist nicht das Ende. An Ostern wird deutlich, dass die Trauer der Welt in Freude verwandelt wird. Weil Jesus nicht im Tod geblieben, sondern glorreich auferstanden ist, dürfen wir Hoffnung haben. Wir dürfen glauben, dass Gottes Wille zum Leben keine Grenzen kennt. Dass es keine Finsternis mehr gibt, weil Gottes Licht in aller Dunkelheit aufstrahlt.

L Nach dem Sabbat, beim Anbruch des ersten Tages der Woche, kamen Maria aus Magdala und die andere Maria, um nach dem Grab zu sehen. Und siehe, es geschah ein gewaltiges Erdbeben; denn ein Engel des Herrn kam vom Himmel herab, trat an das Grab, wälzte den Stein weg und setzte sich darauf. Sein Aussehen war wie ein Blitz und sein Gewand weiß wie Schnee. Aus Furcht vor ihm erbebten die Wächter und waren wie tot. Der Engel aber sagte zu den Frauen: Fürchtet euch nicht! Ich weiß, ihr sucht Jesus, den Gekreuzigten. Er ist nicht hier; denn er ist auferstanden, wie er gesagt hat. Kommt her und seht euch den Ort an, wo er lag! (Mt 28,1-6)

V Ostern ist der Grund unserer christlichen Existenz. Von Ostern aus leben wir – ein Leben, das kein Ende mehr kennt. Weil wir mit Christus sterben, dürfen wir auch mit ihm leben. Dürfen wir auch den Weg in den Tod und durch den Tod zum Leben mit ihm gehen. Der Auferstandene selbst lädt uns ein, zur Gemeinschaft mit ihm. Er schenkt uns seinen Frieden und weist hinauf zum Himmel. Dorthin, wo auch unsere Heimat liegt.

V Herr Jesus Christus, du bist nach drei Tagen glorreich vom Tod auferstanden. Wir bitten dich:

A Erbarme dich über uns und über die ganze Welt.

Abschluss

V Christus Sieger, Christus König, Christus Herr in Ewigkeit.

A Christus Sieger, Christus König, Christus Herr in Ewigkeit.

V Im Kreuz ist Heil, im Kreuz ist Leben, im Kreuz ist Hoffnung.

A Christus Sieger...

V Denn siehe, durch das Holz des Kreuzes kam Freude in alle Welt.

A Christus Sieger...

V Deinen Tod, o Herr, verkünden wir und deine heilige Auferstehung rühmen und preisen wir, bis du kommst in Herrlichkeit.

A Christus Sieger...

V Lasset uns beten. – Herr Jesus Christus, reicher Segen komme auf uns herab, die wir deinen Kreuzweg betend betrachtet haben. Durch dich ist uns die Hoffnung geschenkt, dass wir uns in aller Bedrängnis nicht ängstigen müssen, weil du uns zur Seite stehst. Begleite uns auf unseren Wegen durch dieses Leben und lass uns dein österliches Licht leuchten, damit wir hinfinden zur Freude, die kein Ende mehr kennt.

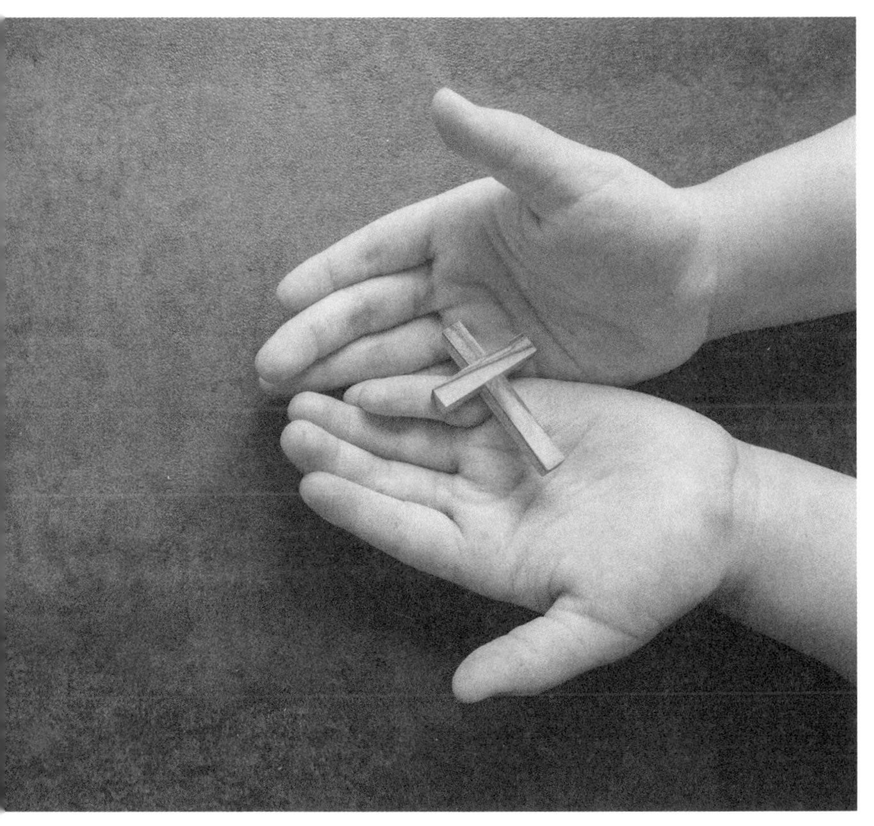

Folgt mir nach und ich werde euch zu Menschenfischern machen

Kreuzweg für Kinder

Jesus zieht in Jerusalem ein

Mit seinen Freunden ist Jesus nach Jerusalem gekommen. Dort haben die Menschen schon auf ihn gewartet. Am Stadttor haben sie ihn begrüßt. Sie haben Palmzweige in ihren Händen gehalten. Sie haben ihm „Hosanna!" zugerufen, das heißt „Herr, hilf doch!". Manche Menschen haben sogar ihre Kleider ausgezogen und sie auf die Straße gelegt. Sie hatten schon viel von Jesus gehört: Er hat Kranke wieder gesund gemacht, Blinde konnten plötzlich sehen und mit armen Menschen hat Jesus gegessen. Sie haben gehofft, dass Jesus auch hier in Jerusalem seine Wunder tut.
Jesus saß auf einem Esel. Mit ihm ist er in die Stadt hinein geritten. Die Herumstehenden haben ihn fast wie einen König begrüßt. Nur dass Jesus keine Krone auf dem Kopf hatte.

Gebet
Jesus, du bist nach Jerusalem gekommen. Die Menschen haben schon auf dich gewartet. Sie wollten, dass du ihr König bist. Sie haben gehofft, dass du ihnen hilfst. Jesus, auch wir erwarten dich. Komm und hilf auch uns.

Jesus feiert mit seinen Jüngern das Abendmahl

Jesus hatte nicht nur Freunde. Viele Menschen haben Jesus nicht gemocht. Ihnen hat nicht gefallen, was er getan hat. Sie wollten ihn aus dem Weg schaffen. Das hat Jesus gespürt.
Mit seinen Freunden hat er sich zum Essen verabredet. Er wusste, dass einer seiner Freunde ihn verraten würde. Judas hatte sich schon mit den Soldaten abgesprochen und hat nur

noch auf einen günstigen Moment gewartet. Deswegen war die Stimmung bei diesem Abendessen auch gedrückt. Jesus musste Abschied nehmen von seinen Freunden.
Beim Mahl hat er das Brot genommen und hat zu ihnen gesagt: Das bin ich. Und er hat ihnen ein Stück Brot gegeben. Jesus hat auch den Becher mit Wein genommen und zu den Jüngern gesagt: Das bin ich. Und er hat ihnen den Becher gegeben und sie haben daraus getrunken.
Die Jünger merkten: Auch wenn Jesus jetzt vielleicht weggehen muss, im Brot und Wein ist er immer noch da. Er bleibt bei seinen Freunden. Er verlässt sie nicht.

Gebet
Jesus, du feierst mit deinen Freunden das Abendmahl. Du gibst ihnen Brot und Wein. Du sagst zu ihnen, dass du bei ihnen bleibst. Jesus, sei auch bei uns. Begleite uns in unserem Leben. Bleib du unser Freund.

Jesus betet am Ölberg

Nach dem Abendmahl ist Jesus mit seinen Freunden in den Ölberg gegangen. Das war ein Garten, in dem viele Olivenbäume standen. Es war Nacht geworden. Und Jesus wollte mit seinen Freunden beten. Er wusste, dass sein Kreuzweg bald beginnt. Judas war schon unterwegs, um die Soldaten zu holen. Jesu Tod stand kurz bevor.
Jesus wollte mit seinen Freunden beten. Seine Freunde aber sind immer eingeschlafen. Sie haben es nicht geschafft, mit Jesus wach zu bleiben. Zu Gott, seinem Vater, hat Jesus gesagt: Vater, dein Wille geschehe. Alles soll so kommen, wie du willst. Ich vertraue auf dich. Ich vertraue dir mein Leben an.

Gebet
Jesus, du hast Angst vor dem, was dich erwartet. Du fürchtest dich vor dem Kreuzweg. Du weißt nicht, was dich erwarten wird. Jesus, sei du bei uns, wenn wir Angst haben. Gib uns Mut, wenn wir uns fürchten.

Jesus wird die Dornenkrone aufgesetzt

Die Soldaten haben Jesus gefangengenommen. Sie bringen ihn vor den Richter, der Pilatus heißt. Die Menschen rufen, dass Jesus gekreuzigt werden soll. Aber Pilatus sieht keinen Grund dazu. Doch die Menschen rufen immer wieder: Ans Kreuz mit ihm, kreuzige ihn. Also gibt Pilatus nach. Jesus soll gekreuzigt werden.
Die Soldaten lachen Jesus aus. Sie verspotten ihn. Der soll König sein?, fragen sie. Ein König, der auf einem Esel reitet? Ein König, der ans Kreuz geschlagen wird? Sie basteln ihm eine Krone aus Dornen und setzen sie ihm auf. Jetzt haben sie ihren König.

Gebet
Jesus, die Soldaten haben dich ausgelacht. Die Menschen haben dich verspottet. Sie haben nicht erkannt, dass du wirklich ein König bist. Du hast dich nicht gewehrt. Jesus, gib uns Zuversicht, wenn wir ausgelacht werden. Sei bei uns.

Jesus wird das Kreuz aufgeladen

Der Kreuzweg Jesu beginnt. Er muss nicht nur am Kreuz sterben. Er muss auch sein Kreuz selbst tragen. Der Weg führt mitten durch Jerusalem. Das Ziel ist Golgota, ein Hügel außerhalb der Stadt. Dort soll Jesus gekreuzigt werden.
Jesus nimmt tapfer das Kreuz auf sich. Auch wenn er es nur mit Mühe tragen kann: Er weiß, dass er diesen Weg bis zum Ende gehen muss.

Gebet
Jesus, du hast das Kreuz auf dich genommen. Obwohl du keine Kraft hattest, hast du es getragen. Jesus, sei uns nahe, wenn wir mehr tragen müssen, als wir können. Wir danken dir, dass du dein Kreuz getragen hast.

Jesus fällt dreimal unter dem Kreuz

Jesus geht den Kreuzweg. Aber das Kreuz ist zu schwer. Und Jesus ist zu schwach. Die Wunden, die ihm die Soldaten zugefügt haben, tun weh. Das Kreuz drückt. Ein Mensch kann es alleine kaum tragen. Unter dieser Last bricht Jesus zusammen. Er liegt am Boden. Das Kreuz liegt auf ihm. Was soll er machen? Liegenbleiben? Hoffen, dass einer kommt und ihm hilft? Aufgeben? Jesus weiß, dass er weitergehen muss. Er nimmt alle Kraft zusammen. Er rafft sich auf. Er versucht, weiterzugehen.

Gebet
Jesus, dreimal bist du unter dem Kreuz zusammengebrochen. Dein Weg ist noch nicht zu Ende. Du gehst den Weg aus Liebe zu uns Menschen. Jesus, gib uns Kraft, wenn wir hinfallen. Schenke uns Mut, Wege weiterzugehen, auch wenn sie schwer sind.

Jesus trifft Simon, der ihm das Kreuz abnimmt

Jesus begegnet auf seinem Kreuzweg einem Mann. Er heißt Simon und kommt gerade von seinem Feld. Ihn zwingen die Soldaten, Jesus zu helfen. Simon muss mit anpacken. Gemeinsam mit Jesus trägt er das Kreuz ein weiteres Wegstück. Für Jesus ist das eine große Erleichterung. Geteiltes Leid ist halbes Leid. Das Kreuz ist für Jesus nur noch halb so schwer.

Gebet
Jesus, dein Kreuz ist schwer, du kannst die Last alleine nicht mehr tragen. Simon hilft dir. Er macht dein Kreuz leichter. Jesus, steh uns bei, dass wir den anderen helfen, die in Not sind. Gib uns den Mut, das Leid der anderen zu teilen.

Jesus tröstet die weinenden Frauen

Am Wegrand stehen einige Frauen. Auch sie waren mit Jesus befreundet. Jetzt müssen sie zusehen, wie Jesus dem Tod entgegengeht. Sie klagen und weinen. Das Schicksal ihres Freundes bewegt sie. Nur mit Mühe können sie zusehen, wie Jesus sich hinauf nach Golgota quält. So viel Gutes hat Jesus bewirkt. Und jetzt muss Jesus so viel erleiden. Die Frauen haben großes Mitleid mit ihm. Jesus tröstet die weinenden Frauen. Er sagt ihnen, sie sollen nicht weinen, sondern sich ganz Gott anvertrauen. Er wird sie schützen und vor Unheil bewahren.

Gebet
Jesus, am Wegesrand begegnest du weinenden Frauen. Du tröstest sie. Auch in der größten Not kümmerst du dich um deine Mitmenschen. Jesus, lass uns die anderen nicht aus dem Blick verlieren. Zeige uns, wo Menschen unseren Trost brauchen.

Jesus wird seiner Kleider beraubt

Jesus ist auf dem Berg Golgota angekommen. Der Kreuzweg ist beinahe zu Ende. Die Soldaten reißen Jesus seine Kleider vom Leib. Sie wollen ihn bloßstellen. In seiner Not wollen sie ihn zum Gespött für die Bevölkerung machen. Seine Kleider verteilen die Soldaten unter sich. Um sein Gewand werfen sie das Los. Jetzt ist Jesus ganz unten.

Gebet
Jesus, die Soldaten haben deine Kleider geraubt. Sie haben dich ausgelacht und bloßgestellt. Jesus, hilf uns, dass wir unseren Mitmenschen nichts wegnehmen. Gib uns Hände, die schenken.

Jesus stirbt am Kreuz

Die Soldaten haben Jesus ans Kreuz genagelt. So hängt er zwischen Himmel und Erde. Unten am Kreuz stehen nur Maria, seine Mutter, und sein Freund Johannes. Alle anderen Freunde waren aus Angst geflohen. Sie fürchteten, dass auch sie festgenommen werden. Am Nachmittag des Karfreitag ist Jesus gestorben. Die Sonne hat sich verfinstert. Es ist Nacht geworden und die Erde bebte. Vor seinem Sterben hat Jesus gebetet: Vater, vergib ihnen, denn sie wissen nicht, was sie tun. Jesus liebt alle Menschen.

Gebet
Jesus, du bist am Kreuz gestorben. Du hast deine Arme ausgebreitet, um alle zu umarmen. Jesus, gib uns dein Leben. Umarme uns, damit wir unsere Mitmenschen lieben, wie du es getan hast.

Jesus ist vom Tod auferstanden

Drei Tage nachdem Jesus gestorben ist, sind Frauen an sein Grab gekommen. Sie wollten sich von Jesus verabschieden. Aber der Stein am Eingang war weggewälzt. Das Grab war leer. Und im Innern der Grabkammer saß ein leuchtender Engel. Der sagte zu den Frauen: Ihr sucht Jesus, der am Kreuz gestorben ist. Er ist nicht mehr hier. Er ist auferstanden. Er lebt. Er will euch begegnen. Geht hinaus und sagt allen Menschen diese frohe Botschaft.

Gebet
Jesus, du bist vom Tod auferstanden. Wir glauben, dass du lebst. Dein Licht durchbricht das Dunkel. Die Osterfreude vertreibt die Trauer. Jesus, lass uns im Leben diese Osterfreude spüren. Mach auch unser Leben hell. Begleite uns durch das Leben.

Durch das Holz des Kreuzes kam Freude in alle Welt

Kreuzweg für Senioren

1. Station

Jesus wird zum Tod verurteilt

V Wir beten dich an, Herr Jesus Christus, und preisen dich.

A Denn durch dein heiliges Kreuz hast du die Welt erlöst.

L Sie führen Jesus vor Pilatus. Aber Pilatus erkennt keine Schuld an Jesus. Die Menschenmenge aber ruft: „Ans Kreuz mit ihm!" Also gibt Pilatus nach und spricht das ungerechte Urteil über Jesus. Er muss am Kreuz sterben.

V Wir verurteilen Menschen, wir sprechen ungerecht und unfair über sie. Obwohl wir sie oft gar nicht kennen, stecken wir sie in Schubladen. Solches Verhalten belastet das menschliche Miteinander.

Herr Jesus, Pilatus hat dich zum Tod verurteilt und in die Hände der Soldaten übergeben. Wir bitten dich:

A Erbarme dich über uns und über die ganze Welt.

2. Station

Jesus nimmt das Kreuz auf seine Schultern

V Wir beten dich an, Herr Jesus Christus, und preisen dich.

A Denn durch dein heiliges Kreuz hast du die Welt erlöst.

L Nicht genug, dass der Tod Jesus unmittelbar vor Augen steht. Er muss auch noch das Marterwerkzeug selbst tragen. Die Soldaten haben kein Mitleid mit ihm. Sie laden ihm das schwere Kreuz auf. Bis hinauf nach Golgota muss er es schaffen.

V Wir laden Menschen Lasten auf, obwohl wir wissen, dass sie ihnen nicht gewachsen sind. Wir belasten einander mit unnötigen Dingen. Vieles könnten wir selbst erledigen. Aber es ist ja bequemer, es auf andere abzuwälzen. Zuschauen ist ja angenehmer, als sich selbst zu plagen.

Herr Jesus, die Soldaten haben dir das schwere Kreuz auf die Schultern geladen. Wir bitten dich:

A Erbarme dich über uns und über die ganze Welt.

3. Station
Jesus fällt zum ersten Mal unter dem Kreuz

V Wir beten dich an, Herr Jesus Christus, und preisen dich.

A Denn durch dein heiliges Kreuz hast du die Welt erlöst.

L Jesus hat keine Kraft mehr. Die Geißelung und die Verspottung durch die Soldaten haben an ihm gezehrt. Er bricht unter dem Kreuz zusammen. Da liegt er nun auf der „Via Dolorosa". Ob er wohl weitergehen wird?

V Wir lassen oft Menschen am Wegrand liegen. Wir gehen achtlos an ihnen vorüber. Sie werden an ihrem Schicksal schon selbst schuld sein, meinen wir. Sie versperren uns den Weg. Allzu häufig gehen wir achtlos an ihnen vorbei.

Herr Jesus, zum ersten Mal bist du unter der Last des Kreuzes zusammengebrochen. Wir bitten dich:

A Erbarme dich über uns und über die ganze Welt.

4. Station
Jesus begegnet seiner weinenden Mutter

V Wir beten dich an, Herr Jesus Christus, und preisen dich.

A Denn durch dein heiliges Kreuz hast du die Welt erlöst.

L Am Wegrand steht Maria. Sie betrachtet das traurige Schauspiel, das ihr das Herz zerreißt. Sie weint um ihren einzigen Sohn, der sich dem Tod entgegenschleppt. Sie möchte dem Sohn ganz nahe sein, ihn noch einmal in ihre Arme schließen, ihm beistehen auf seinem Weg.

V Wir leben in einer Familie. Unterschiedliche Beziehungen prägen unser Leben. Oft müssen wir für den anderen einstehen, oft sind unsere Hilfe und unser Beistand gefragt. Gerade wenn es den Anderen schlecht geht, müssen wir zu ihnen stehen und uns um sie kümmern.

Herr Jesus, auf dem Kreuzweg bist du deiner weinenden Mutter begegnet. Wir bitten dich:

A Erbarme dich über uns und über die ganze Welt.

5. Station
Simon von Kyrene hilft Jesus das Kreuz tragen

V Wir beten dich an, Herr Jesus Christus, und preisen dich.

A Denn durch dein heiliges Kreuz hast du die Welt erlöst.

L Jesus kann alleine nicht mehr weiter. Die Last des Kreuzes ist zu groß. Einen Mann, der gerade vom Feld kommt, zwingen die Soldaten Jesus zu helfen. Simon packt mit an. Er nimmt Jesus das Kreuz ab.

V Wir dürfen dankbar sein, dass wir Menschen erleben, die unsere Lasten abnehmen. Menschen, die uns helfen, die mit uns auf dem Weg sind, die uns in der Not nicht alleine lassen. Vielleicht sind wir auch oft selbst Helfer, Zuhörer, Hoffnungsmacher.

Herr Jesus, Simon von Kyrene hat dir geholfen, das schwere Kreuz zu tragen. Wir bitten dich:

A Erbarme dich über uns und über die ganze Welt.

6. Station
Veronika reicht Jesus das Schweißtuch

V Wir beten dich an, Herr Jesus Christus, und preisen dich.

A Denn durch dein heiliges Kreuz hast du die Welt erlöst.

L Plötzlich kommt Veronika auf Jesus zu. Sie reicht ihm ein Tuch, mit dem er sich Schweiß und Blut abwischen kann. Es ist ein kurzer Moment der Erholung. Eine kleine Linderung der Schmerzen, ein unerwarteter Dienst der Mitmenschlichkeit.

V Manchmal können wir unseren Mitmenschen ganz leicht eine Atempause verschaffen. Nicht viel ist nötig, um dem Nächsten für einen kurzen Augenblick seine Last abzunehmen. Der Dienst an den Mitmenschen ist oft so einfach zu tun. Er fordert doch nur Courage und Engagement.

Herr Jesus, Veronika hat dir das Schweißtuch gereicht. Wir bitten dich:

A Erbarme dich über uns und über die ganze Welt.

7. Station
Jesus fällt zum zweiten Mal unter dem Kreuz

V Wir beten dich an, Herr Jesus Christus, und preisen dich.

A Denn durch dein heiliges Kreuz hast du die Welt erlöst.

L Abermals fällt Jesus unter dem Kreuz zu Boden. Er wird immer schwächer, seine Kraft lässt immer mehr nach. Aber Jesus weiß, dass er den Weg weitergehen muss. Niemand hat Erbarmen mit ihm, niemand zeigt ihm barmherzige Liebe.

V Wir kennen die Situation, in der sich Jesus befindet. Auch wir werden oft niedergedrückt von der Last des Lebens. Krankheiten suchen uns heim, Trauer bedrückt uns, den Nöten des Lebens können wir nicht ausweichen. Es hilft nichts, sich aufzugeben. Wir dürfen Mut haben, weiterzugehen, weil Christus uns die Kraft dazu gibt.

Herr Jesus, du bist zum zweiten Mal unter dem Kreuz zu Boden gestürzt. Wir bitten dich:

A Erbarme dich über uns und über die ganze Welt.

8. Station
Jesus begegnet den weinenden Frauen

V Wir beten dich an, Herr Jesus Christus, und preisen dich.

A Denn durch dein heiliges Kreuz hast du die Welt erlöst.

L Weinend stehen einige Frauen am Kreuzweg. Sie trauern um ihren Freund. Jesus aber tröstet sie. Er kennt ihre Sorgen, er weiß um ihre Ängste. Sie sollten über sich selbst weinen, nicht um ihn. Denn sein Weg endet in der Herrlichkeit des Vaters.

V Wir trauern um einen geliebten Menschen. Oder wir trauern mit anderen. Tränen bleiben im Leben nicht aus: Tränen der Trauer, der Furcht, der Verzweiflung. Wer Jesus begegnet, der bekommt von ihm zugesagt: Selig die Trauernden, denn sie werden getröstet werden.

Herr Jesus, du bist den weinenden Frauen von Jerusalem begegnet und hast sie getröstet. Wir bitten dich:

A Erbarme dich über uns und über die ganze Welt.

9. Station
Jesus fällt zum dritten Mal unter dem Kreuz

V Wir beten dich an, Herr Jesus Christus, und preisen dich.

A Denn durch dein heiliges Kreuz hast du die Welt erlöst.

L Ein erneuter Sturz unterbricht den Weg nach Golgota. Die Kraft ist Jesus endgültig geschwunden. Doch wieder rafft er sich auf. Wieder nimmt er allen Mut zusammen. Es muss weitergehen. Der Weg muss am Kreuz seinen Abschluss finden.

V Wir kennen Situationen, in denen wir am liebsten liegenbleiben würden. Wenn die Kraft fehlt und jeder Schritt zur Qual wird, gibt man sich schnell auf. Aber ist das wirklich eine Option? Muss man nicht die eigene Schwäche überwinden, um hoffnungsvoll in die Zukunft gehen zu können?

Herr Jesus, zum dritten Mal bist du unter dem Kreuz gefallen. Wir bitten dich:

A Erbarme dich über uns und über die ganze Welt.

10. Station
Jesus wird seiner Kleider beraubt

V Wir beten dich an, Herr Jesus Christus, und preisen dich.

A Denn durch dein heiliges Kreuz hast du die Welt erlöst.

L Jesus ist auf Golgota angekommen. Wieder verspotten ihn die Soldaten. Sie reißen ihm die Kleider vom Leib. Um sein Gewand losen sie. Jesus steht nackt da. Die Umstehenden gaffen. Die Erniedrigung Jesu ist eine willkommene Abwechslung für sie.

V Immer wieder werden Menschen bloßgestellt. Es macht doch Freude, das Leid der anderen zu betrachten. Es stillt doch die Sensationsgier. Aber wie fühlt es sich an, wenn man selbst zum Opfer wird? Wenn man selbst den Grund für den Spott der anderen liefert?

Herr Jesus, die Soldaten haben dir deine Kleider vom Leib gerissen. Wir bitten dich:

A Erbarme dich über uns und über die ganze Welt.

11. Station
Jesus wird ans Kreuz genagelt

V Wir beten dich an, Herr Jesus Christus, und preisen dich.

A Denn durch dein heiliges Kreuz hast du die Welt erlöst.

L Die Soldaten nageln Jesus ans Kreuz. Der schmerzhafte Weg, der mit der Verurteilung durch Pilatus begonnen hat, ist zu Ende. Jetzt kann Jesus nicht mehr vor dem Kreuz weichen.

V Andere Menschen werden schnell festgenagelt. Wir meinen, sie zu kennen. Wir glauben, sie in bestimmte Kategorien einordnen zu können. Doch wie wenig kommt dabei der konkrete Mensch in den Blick? Wie sehr konzentrieren wir uns auf uns selbst und nehmen unsere Mitmenschen gar nicht richtig wahr?

Herr Jesus, die Soldaten haben dich ans Kreuz genagelt. Wir bitten dich:

A Erbarme dich über uns und über die ganze Welt.

12. Station

Jesus stirbt am Kreuz

V Wir beten dich an, Herr Jesus Christus, und preisen dich.

A Denn durch dein heiliges Kreuz hast du die Welt erlöst.

L Es ist die neunte Stunde. Plötzlich verdunkelt sich die Sonne, die Erde bebt. Jesus ruft noch einmal laut auf. Dann neigt er sein Haupt und stirbt. Es ist vollbracht. Der Weg des Menschensohnes ist vollendet.

V Der Tod eines Menschen erschüttert seine Umwelt. Nichts ist mehr, wie es vorher war. Der Tod drängt sich in das Leben und schränkt es ein. Dabei ist der Tod nötig, um zum Leben zu kommen. Sterben heißt eingehen in Gottes Liebe und sein Leben.

Herr Jesus, du bist für uns am Kreuz gestorben. Wir bitten dich:

A Erbarme dich über uns und über die ganze Welt.

13. Station
Jesus wird vom Kreuz abgenommen und in den Schoß seiner Mutter gelegt

V Wir beten dich an, Herr Jesus Christus, und preisen dich.

A Denn durch dein heiliges Kreuz hast du die Welt erlöst.

L Die Soldaten nehmen den Leichnam Jesu vom Kreuz ab. Sie legen den Gekreuzigten seiner Mutter in den Schoß. Weinend blickt sie auf den Durchbohrten, den sie in ihrem Schoß getragen hat. Jetzt also ist seine Stunde gekommen. Die Stunde, um einzugehen in den Vater.

V Der Abschied von einem Toten fällt nicht leicht. Es ist ein Abschiednehmen für immer. Der Glaube aber sagt uns: Wir dürfen Hoffnung haben, wir dürfen auf ein Wiedersehen hoffen. Der Tod ist nicht das Letzte. Im Blick auf Christus dürfen wir an das Leben glauben.

Herr Jesus, dein heiliger Leichnam wurde in den Schoß deiner Mutter gelegt. Wir bitten dich:

A Erbarme dich über uns und über die ganze Welt.

14. Station

Der heilige Leichnam Jesu wird in das Grab gelegt

V Wir beten dich an, Herr Jesus Christus, und preisen dich.

A Denn durch dein heiliges Kreuz hast du die Welt erlöst.

L Josef von Arimathaa erweist Jesus den letzten Liebesdienst. Er sorgt sich um den Leichnam und setzt ihn in einem Grab bei. Die würdevolle Bestattung ist ein letzter Erweis der barmherzigen Liebe, die Jesus selbst in seinem Leben verschenkt hat.

V Wir stehen am Grab Jesu. Wir trauen um ihn, weil er am Kreuz gestorben ist. Aber wir dürfen ausschauen nach Ostern. Wir müssen nicht verzweifeln, weil Jesus vom Tod aufersteht. Und weil er auch uns die Auferstehung von den Toten verheißt. Das ist der Glaube, der uns durch das Leben tragen kann.

Herr Jesus, dein heiliger Leichnam wurde in einem Grab bestattet. Wir bitten dich:

A Erbarme dich über uns und über die ganze Welt.

Wachet und betet

Ölbergandacht

I.

L Nach dem Lobgesang gingen sie zum Ölberg hinaus. Da sagte Jesus zu ihnen: Ihr werdet alle Anstoß nehmen; denn in der Schrift steht: *Ich werde den Hirten erschlagen, dann werden sich die Schafe zerstreuen.* Aber nach meiner Auferstehung werde ich euch nach Galiläa vorausgehen. Da sagte Petrus zu ihm: Auch wenn alle Anstoß nehmen – ich nicht! Jesus sagte ihm: Amen, ich sage dir: Heute, in dieser Nacht, ehe der Hahn zweimal kräht, wirst du mich dreimal verleugnen. Petrus aber beteuerte: Und wenn ich mit dir sterben müsste – ich werde dich nie verleugnen. Das Gleiche sagten auch alle anderen. (Mk 14,26-31)

V Wir wollen das bittere Leiden Jesu am Ölberg in Stille betrachten.

Stille

V Mit den Worten aus dem 2. Psalm wollen wir gemeinsam beten. – Die Könige der Erde stehen auf, die Großen tun sich zusammen gegen den HERRN und seinen Gesalbten.

A Die Könige der Erde stehen auf, die Großen tun sich zusammen gegen den HERRN und seinen Gesalbten.

V Warum toben die Völker, warum ersinnen die Nationen nichtige Pläne? Die Könige der Erde stehen auf, die Großen tun sich zusammen gegen den HERRN und seinen Gesalbten.

A Die Könige der Erde …

V Lasst uns ihre Fesseln zerreißen und von uns werfen ihre Stricke! Er, der im Himmel thront, lacht, der HERR verspottet sie.

A Die Könige der Erde ...

V Dann spricht er in seinem Zorn zu ihnen, in seinem Grimm wird er sie erschrecken: Ich selber habe meinen König eingesetzt auf Zion, meinem heiligen Berg.

A Die Könige der Erde ...

V Den Beschluss des HERRN will ich kundtun. Er sprach zu mir: Mein Sohn bist du. Ich selber habe dich heute gezeugt.

A Die Könige der Erde ...

V Ehre sei dem Vater und dem Sohn und dem Heiligen Geist. Wie im Anfang so auch jetzt und allezeit und in Ewigkeit. Amen.

A Die Könige der Erde ...

II.

L Sie kamen zu einem Grundstück, das Getsemani heißt, und er sagte zu seinen Jüngern: Setzt euch hier, während ich bete! Und er nahm Petrus, Jakobus und Johannes mit sich. Da ergriff ihn Furcht und Angst und er sagte zu ihnen: *Meine Seele ist zu Tode betrübt.* Bleibt hier und wacht! Und er ging ein Stück weiter, warf sich auf die Erde nieder und betete, dass die Stunde, wenn möglich, an ihm vorübergehe. Er sprach: Abba, Vater, alles ist dir möglich. Nimm diesen Kelch von mir! Aber nicht, was ich will, sondern was du willst. Und er ging zurück und fand sie schlafend. Da sagte er zu Petrus: Simon, du schläfst? Konntest du nicht einmal eine Stunde wach bleiben? Wacht und betet, damit ihr nicht in Versuchung geratet! Der Geist ist willig, aber das Fleisch ist schwach. Und er ging wieder weg und betete mit den gleichen Worten. (Mk 14,32-39)

V Wir wollen das bittere Leiden Jesu am Ölberg in Stille betrachten.

Stille

V Mit den Worten aus dem 38. Psalm wollen wir gemeinsam beten. – Die mir nach dem Leben trachten, legten mir Schlingen; die mein Unheil suchen, planten Verderben.

A Die mir nach dem Leben trachten, legten mir Schlingen; die mein Unheil suchen, planten Verderben.

V HERR, strafe mich nicht in deinem Zorn und züchtige mich nicht in deinem Grimm! Denn in mich herabgefahren sind deine Pfeile und deine Hand fuhr auf mich nieder.

A Die mir nach dem Leben trachten …

V Nichts blieb gesund an meinem Fleisch, weil du mir grollst; weil ich gesündigt, blieb an meinen Gliedern nichts heil. Denn über den Kopf gewachsen sind mir meine Sünden, sie erdrücken mich wie eine schwere Last.

A Die mir nach dem Leben trachten …

V Stinkend und eitrig wurden meine Wunden wegen meiner Torheit. Ich habe mich gekrümmt, bin tief gebeugt, den ganzen Tag ging ich trauernd einher.

A Die mir nach dem Leben trachten …

V Denn meine Lenden waren voller Brand, nichts blieb gesund an meinem Fleisch. Kraftlos bin ich geworden, ganz zerschlagen, ich schrie in der Qual meines Herzens.

A Die mir nach dem Leben trachten …

V Mein Herz pochte heftig, meine Kraft hat mich verlassen, das Licht meiner Augen, auch sie sind erloschen. Freunde und Gefährten bleiben mir fern in meinem Unglück und meine Nachbarn blieben mir fern.

A Die mir nach dem Leben trachten …

V Ehre sei dem Vater und dem Sohn und dem Heiligen Geist. Wie im Anfang so auch jetzt und allezeit und in Ewigkeit. Amen.

A Die mir nach dem Leben trachten …

III.

L Noch während er redete, kam Judas, einer der Zwölf, mit einer Schar von Männern, die mit Schwertern und Knüppeln bewaffnet waren; sie waren von den Hohepriestern, den Schriftgelehrten und den Ältesten geschickt worden. Der ihn auslieferte, hatte mit ihnen ein Zeichen vereinbart und gesagt: Der, den ich küssen werde, der ist es. Nehmt ihn fest, führt ihn sicher ab! Und als er kam, ging er sogleich auf Jesus zu und sagte: Rabbi! Und er küsste ihn. Da legten sie Hand an ihn und nahmen ihn fest. Einer von denen, die dabeistanden, zog das Schwert, schlug auf den Diener des Hohepriesters ein und hieb ihm das Ohr ab. Da sagte Jesus zu ihnen: Wie gegen einen Räuber seid ihr mit Schwertern und Knüppeln ausgezogen, um mich festzunehmen. Tag für Tag war ich bei euch im Tempel und lehrte und ihr habt mich nicht verhaftet; aber so mussten die Schriften erfüllt werden. Da verließen ihn alle und flohen. Ein junger Mann aber, der nur mit einem leinenen Tuch bekleidet war, wollte ihm nachfolgen. Da packten sie ihn; er aber ließ das Tuch fallen und lief nackt davon. (Mk 14,43-52)

V Wir wollen das bittere Leiden Jesu am Ölberg in Stille betrachten.

Stille

V Mit den Worten aus dem 51. Psalm wollen wir gemeinsam beten. – Seinen eigenen Sohn hat Gott nicht verschont: Er hat ihn hingegeben für uns alle.

A Seinen eigenen Sohn hat Gott nicht verschont: Er hat ihn hingegeben für uns alle.

V Gott, sei mir gnädig nach deiner Huld, tilge meine Frevel nach deinem reichen Erbarmen! Wasch meine Schuld von mir ab und mach mich rein von meiner Sünde!

A Seinen eigenen Sohn ...

V Denn ich erkenne meine bösen Taten, meine Sünde steht mir immer vor Augen. Gegen dich allein habe ich gesündigt, ich habe getan, was böse ist in deinen Augen.

A Seinen eigenen Sohn ...

V Siehe, in Schuld bin ich geboren und in Sünde hat mich meine Mutter empfangen. Siehe, an Treue im Innersten hast du Gefallen, im Verborgenen lehrst du mich Weisheit.

A Seinen eigenen Sohn ...

V Verbirg dein Angesicht vor meinen Sünden, tilge alle Schuld, mit der ich beladen bin! Erschaffe mir, Gott, ein reines Herz und einen festen Geist erneuere in meinem Innern!

A Seinen eigenen Sohn ...

V Verwirf mich nicht vor deinem Angesicht, deinen heiligen Geist nimm nicht von mir! Gib mir wieder die Freude deines Heils, rüste mich aus mit dem Geist der Großmut!

A Seinen eigenen Sohn ...

V Ehre sei dem Vater und dem Sohn und dem Heiligen Geist. Wie im Anfang so auch jetzt und allezeit und in Ewigkeit. Amen.

A Seinen eigenen Sohn …

Die Andacht kann mit einem Passionslied, z.B. GL 288 (Hört das Lied der finstern Nacht), enden.

Der Herr wird mir helfen

Ölbergandacht

V Mit Jesus und seinen Jüngern waren wir zu Gast im Abendmahlssaal. Mit Jesus haben wir Mahl gehalten. Er hat den Jüngern die Füße gewaschen und ihnen damit den Dienst der Liebe erwiesen. Das Mahl war geprägt von einer eigenartigen Abschiedsstimmung. Jesus weiß, was ihn erwartet. Er kennt den Plan dessen, der ihn ausliefern will. Jesus wehrt sich nicht, er läuft vor seinem Schicksal nicht davon. Denn er weiß, dass all das geschehen muss, damit sich der Wille Gottes, seines Vaters, erfüllt.
Jetzt sind wir mit Jesus und den Jüngern zum Ölberg hinausgegangen. Betend und wachend wollen wir mit Jesus diese Nacht verbringen. Auch wenn es uns schwer fällt, zu so später Stunde noch wach zu bleiben: In diesen schweren Stunden wollen wir Jesus nicht alleine lassen. Wir wollen Anteil nehmen an seinem Schicksal. Wir wollen mit ihm zum Vater beten und auf seine heilbringende Nähe hoffen.

Stille

I. Da ergriff ihn Furcht und Angst

V Wir wollen einen Abschnitt aus dem Markus-Evangelium hören:

L Sie kamen zu einem Grundstück, das Getsemani heißt, und er sagte zu seinen Jüngern: Setzt euch hier, während ich bete! Und er nahm Petrus, Jakobus und Johannes mit sich. Da ergriff ihn Furcht und Angst und er sagte zu ihnen: *Meine Seele ist zu Tode betrübt.* Bleibt hier und wacht! Und er ging ein Stück weiter, warf sich auf die Erde nieder und betete, dass die Stunde, wenn möglich, an ihm vorübergehe. Er sprach: Abba, Vater, alles ist dir möglich. Nimm diesen Kelch von mir! Aber nicht, was ich will, sondern was du willst. (Mk 14,32-36)

V Betrachten wir einen Augenblick in Stille das Wort des Evangelisten.

Stille

V HERR, ich höre die Kunde, ich sehe, HERR, was du früher getan hast. Lass es in diesen Jahren wieder geschehen, offenbare es in diesen Jahren! Auch wenn du zürnst, denk an dein Erbarmen!

A Gott kommt von Teman her, der Heilige kommt vom Gebirge Paran. Seine Hoheit überstrahlt den Himmel, sein Ruhm erfüllt die Erde.

V Du ziehst aus, um dein Volk zu retten, um deinem Gesalbten zu helfen. Du bahnst mit deinen Rossen den Weg durch das Meer, durch das gewaltig schäumende Wasser.

A Ich zitterte am ganzen Leib, als ich es hörte, ich vernahm den Lärm und ich schrie. Fäulnis befällt meine Glieder und es wanken meine Schritte. Doch in Ruhe erwarte ich den Tag der Not, der dem Volk bevorsteht, das über uns herfällt.

V Zwar blüht der Feigenbaum nicht, an den Reben ist nichts zu ernten, der Ölbaum bringt keinen Ertrag, die Kornfelder tragen keine Frucht; im Pferch sind keine Schafe, im Stall steht kein Rind mehr.

A Ich aber will jubeln über den HERRN und mich freuen über Gott, meinen Retter. GOTT, der Herr, ist meine Kraft. Er macht meine Füße schnell wie die Füße der Hirsche und lässt mich schreiten auf den Höhen. (Verse aus Hab 3)

Lied: *z.B. GL 286 (Liedruf: Bleibet hier und wachet mit mir)*

V Herr Jesus, Furcht und Zittern hat dich am Ölberg ergriffen, denn du wusstest schon, was dir bevorsteht. Den Tod am Kreuz hattest du vor Augen, die Qualen der Geißelung, die Marter der Hinrichtung. Du aber bist nicht davongelaufen, sondern hast dich deinem Schicksal ergeben. Du hast zum Vater gebetet, er möge den bitteren Kelch wegnehmen. Doch es war Gottes Plan, dich durch das Kreuz zur Herrlichkeit zu führen.

A Meine Gedanken sind nicht eure Gedanken und eure Wege sind nicht meine Wege – Spruch des HERRN. (Jes 55,8)

V Herr Jesus, durch dich ist das Kreuz für uns zum Heil geworden. Im Tod ist das neue Leben geboren.

A Und ich, wenn ich über die Erde erhöht bin, werde alle zu mir ziehen. (Joh 12,32)

Rosenkranzgesätz: *Jesus, der für uns Blut geschwitzt hat*

V Herr Jesus, Sohn des lebendigen Gottes:

A Erbarme dich unser.

V Herr Jesus, Hohepriester und Osterlamm:

A Erbarme dich unser.

V Herr Jesus, du brichst das Brot und schenkst uns neues Leben:

A Erbarme dich unser.

V Herr Jesus, du wäschst den Jüngern aus Liebe die Füße:

A Erbarme dich unser.

V Herr Jesus, du schwitzt am Ölberg Blut und Wasser:

A Erbarme dich unser.

V Herr Jesus, einsam und verlassen betest du zum Vater:

A Erbarme dich unser.

V Herr Jesus, du musst den bitteren Kelch des Leides trinken:

A Erbarme dich unser.

V Wir beten dich an, Herr Jesus Christus, und preisen dich.

A Denn durch dein heiliges Kreuz hast du die Welt erlöst.

II. Bleibt hier und wacht

V Wir wollen einen Abschnitt aus dem Lukas-Evangelium hören:

L Dann verließ Jesus die Stadt und ging, wie er es gewohnt war, zum Ölberg; seine Jünger folgten ihm. Als er dort war, sagte er zu ihnen: Betet, dass ihr nicht in Versuchung geratet! Dann entfernte er sich von ihnen ungefähr einen Steinwurf weit, kniete nieder und betete: Vater, wenn du willst, nimm diesen Kelch von mir! Aber nicht mein, sondern dein Wille soll geschehen. Da erschien ihm ein Engel vom Himmel und stärkte ihn. Und er betete in seiner Angst noch inständiger und sein Schweiß war wie Blut, das auf die Erde tropfte. Nach dem Gebet stand er auf, ging zu den Jüngern zurück und fand sie schlafend; denn sie waren vor Kummer erschöpft. Da sagte er zu ihnen: Wie könnt ihr schlafen? Steht auf und betet, damit ihr nicht in Versuchung geratet! (Lk 22,39-46)

V Betrachten wir einen Augenblick in Stille das Wort des Evangelisten.

Stille

V Ich sprach: In der Mitte meiner Tage muss ich hinab zu den Pforten der Unterwelt, ich bin gefangen für den Rest meiner Jahre.

A Ich sprach: Ich darf den HERRN nicht mehr schauen im Land der Lebenden, keinen Menschen mehr sehen bei den Bewohnern der Erde.

V Meine Hütte bricht man ab, man deckt sie über mir ab wie das Zelt eines Hirten. Wie ein Weber das Tuch habe ich mein Leben zusammengerollt, vom Faden schneidet er mich ab; vom Tag bis in die Nacht gibst du mich preis.

A Ich schrie bis zum Morgen. Wie ein Löwe zerbricht er all meine Knochen. Vom Tag bis in die Nacht gibst du mich preis.

V Wie ein Mauersegler, wie eine Schwalbe, so piepse ich, ich gurre wie eine Taube. Meine Augen blicken ermattet nach oben: Ich bin in Not, Herr. Tritt für mich ein!

A Ja, die Unterwelt dankt dir nicht, der Tod lobt dich nicht. Die in die Grube hinabgestiegen sind, hoffen nicht mehr auf deine Treue. Der Lebende, der Lebende, er ist es, der dir dankt, wie ich am heutigen Tag. Ein Vater lässt die Kinder deine Treue erkennen. (Verse aus Jes 38,18-19)

Lied: *z.B. GL 287 (Liedruf: Christus war für uns gehorsam)*

V Herr Jesus, du hast deinen Jüngern aufgetragen, dich in der Stunde des Leidens nicht alleine zu lassen. Sie sollten mit dir wachen. Sie waren eingeladen, mit dir zum Vater zu beten, dass er den bitteren Kelch des Leides abwende. Die Jünger aber wurden von Müdigkeit übermannt und sind eingeschlafen. Sie hatten keine Kraft, mit dir zu beten. Sie haben noch nicht erkannt, in welch aussichtloser Lage du dich befindest.

A Vater, die Stunde ist gekommen. Verherrliche deinen Sohn, damit der Sohn dich verherrlicht! (Joh 17,1)

V Herr Jesus, du hast das Leiden auf dich genommen, um uns zu erlösen.

A Ich bin der gute Hirt. Der gute Hirt gibt sein Leben hin für die Schafe. (Joh 10,11)

Rosenkranzgesätz: *Jesus, der zum Vater gebetet hat*

V Herr Jesus, Sohn des lebendigen Gottes:

A Erbarme dich unser.

V Herr Jesus, guter Hirte und Tür zum Leben:

A Erbarme dich unser.

V Herr Jesus, du gibst dein Leben, damit wir erlöst werden:

A Erbarme dich unser.

V Herr Jesus, du bist voller Enttäuschung über deine Jünger:

A Erbarme dich unser.

V Herr Jesus, du wachst und betest am Ölberg:

A Erbarme dich unser.

V Herr Jesus, du legst dein Leben in die Hände des Vaters:

A Erbarme dich unser.

V Herr Jesus, du vertraust dich der barmherzigen Liebe Gottes an:

A Erbarme dich unser.

V Wir beten dich an, Herr Jesus Christus, und preisen dich.

A Denn durch dein heiliges Kreuz hast du die Welt erlöst.

III. Ich bin es

V Wir wollen einen Abschnitt aus dem Johannes-Evangelium hören:

L Nach diesen Worten ging Jesus mit seinen Jüngern hinaus, auf die andere Seite des Baches Kidron. Dort war ein Garten; in den ging er mit seinen Jüngern hinein. Auch Judas, der ihn auslieferte, kannte den Ort, weil Jesus dort oft mit seinen Jüngern zusammengekommen war. Judas holte die Soldaten und die Gerichtsdiener der Hohepriester und der Pharisäer und kam dorthin mit Fackeln, Laternen und Waffen. Jesus, der alles wusste, was mit ihm geschehen sollte, ging hinaus und fragte sie: Wen sucht ihr? Sie antworteten ihm: Jesus von Nazaret. Er sagte zu ihnen: Ich bin es. Auch Judas, der ihn auslieferte, stand bei ihnen. Als er zu ihnen sagte: Ich bin es!, wichen sie zurück und stürzten zu Boden. Er fragte sie noch einmal: Wen sucht ihr? Sie sagten: Jesus von Nazaret. Jesus antwortete: Ich habe euch gesagt, dass ich es bin. Wenn ihr also mich sucht, dann lasst diese gehen! So sollte sich das Wort erfüllen, das er gesagt hatte: Ich habe keinen von denen verloren, die du mir gegeben hast. Simon Petrus, der ein Schwert bei sich hatte, zog es, traf damit den Diener des Hohepriesters und hieb ihm das rechte Ohr ab; der Diener aber hieß Malchus. Da sagte Jesus zu Petrus: Steck das Schwert in die Scheide! Der Kelch, den mir der Vater gegeben hat soll ich ihn nicht trinken? (Joh 18,1-11)

V Betrachten wir einen Augenblick in Stille das Wort des Evangelisten.

Stille

V GOTT, der Herr, gab mir die Zunge von Schülern, damit ich verstehe, die Müden zu stärken durch ein aufmunterndes Wort. Jeden Morgen weckt er mein Ohr, damit ich höre, wie Schüler hören.

A GOTT, der Herr, hat mir das Ohr geöffnet. Ich aber wehrte mich nicht und wich nicht zurück.

V Ich hielt meinen Rücken denen hin, die mich schlugen, und meine Wange denen, die mir den Bart ausrissen. Mein Gesicht verbarg ich nicht vor Schmähungen und Speichel.

A Und GOTT, der Herr, wird mir helfen; darum werde ich nicht in Schande enden. Deshalb mache ich mein Gesicht hart wie einen Kiesel; ich weiß, dass ich nicht in Schande gerate.

V Er, der mich freispricht, ist nahe. Wer will mit mir streiten? Lasst uns zusammen vortreten! Wer ist mein Gegner im Rechtsstreit? Er trete zu mir heran.

A Siehe, GOTT, der Herr, wird mir helfen. Wer kann mich für schuldig erklären? Siehe, sie alle zerfallen wie ein Gewand das die Motten zerfressen. (Verse aus Jes 50,4-9)

Lied: *z.B. GL 292 (Fürwahr, er trug unsre Krankheit)*

V Herr Jesus, bis zuletzt hast du deinen Jüngern ungeteilte Liebe erwiesen. Einer aber von ihnen, Judas, liefert dich an die herrschende Tempelaristokratie aus. Sie wollen dich aus dem Weg räumen. Deine Auslegung der Heiligen Schriften passt ihnen nicht. Sie fürchten, sie könnten etwas von ihrer Macht verlieren. Weil du unerschrocken für Gott und sein Wort eintrittst, bist du eine Gefahr für sie geworden.

A Wenn die Welt euch hasst, dann wisst, dass sie mich schon vor euch gehasst hat. (Joh 15,18)

V Herr Jesus, du stellst dich den Soldaten, die gekommen sind, um dich festzunehmen. Du fügst dich in den Plan deines Vaters ein.

A Deinen Willen zu tun, mein Gott, war mein Gefallen und deine Weisung ist in meinem Innern. (Ps 40,9)

Rosenkranzgesätz: *Jesus, der sich freiwillig dem Tod ausgeliefert hat*

V Herr Jesus, Sohn des lebendigen Gottes:

A Erbarme dich unser.

V Herr Jesus, dem Willen des Vaters gehorsam bis zum Tod:

A Erbarme dich unser.

V Herr Jesus, am Ölberg ringst du mit dem Plan Gottes:

A Erbarme dich unser.

V Herr Jesus, du vertraust auf Gottes Vorsehung:

A Erbarme dich unser.

V Herr Jesus, du Lamm, das sich freiwillig aufopfert:

A Erbarme dich unser.

V Herr Jesus, schuldlos stirbst du für die Sünder:

A Erbarme dich unser.

V Herr Jesus, du Licht für die ganze Welt:

A Erbarme dich unser.

V Wir beten dich an, Herr Jesus Christus, und preisen dich.

A Denn durch dein heiliges Kreuz hast du die Welt erlöst.

Ich gebe mein Leben für die Schafe

Passionsandacht am Karfreitag

V/A Ahmt Gott nach als seine geliebten Kinder und führt euer Leben in Liebe, wie auch Christus uns geliebt und sich für uns hingegeben hat als Gabe und Opfer, das Gott gefällt. (Eph 5,1-2)

V Im Namen des Vaters und des Sohnes und des Heiligen Geistes.

A Amen.

V Jesus ist am Kreuz gestorben. Am Karfreitag denken wir jedes Jahr in besonderer Weise daran. Wir stellen das Kreuz in die Mitte unserer Kirche, wir verehren es mit einer Kniebeuge. Der Altar ist und bleibt heute leer. Im Zentrum des Karfreitags steht das Kreuz und mit ihm der gekreuzigte Herr und Heiland.
Jesus ist nicht alleine am Kreuz gestorben. Bei ihm waren Maria, seine Mutter, und Johannes, der Lieblingsjünger. Sie sind bei Jesus geblieben. Sie waren nicht geflohen, sie haben es bis zum Ende in seiner Nähe ausgehalten. Als Jesus stirbt, ist er nicht einsam und verlassen. Es gibt Menschen, die bei ihm bleiben, die ihn in der Stunde seines Sterbens begleiten. Wie Maria und Johannes wollen auch wir jetzt bei Jesus bleiben. Auch wir stehen am Kreuz, um Jesus in seinem Tod und bei seiner Grablegung zu begleiten. Gemeinsam wollen wir betend das Geheimnis des Leidens und Sterbens Jesu betrachten. Wir wollen dabeibleiben und Jesus in seinem Tod unsere Nähe schenken.

Stille

L Aus dem Matthäusevangelium. –
Von der sechsten Stunde an war Finsternis über dem ganzen Land bis zur neunten Stunde. Um die neunte Stunde schrie Jesus mit lauter Stimme: *Eli, Eli, lema sabachtani?*, das heißt: *Mein Gott, mein Gott, warum hast du mich verlassen?* Einige von denen, die dabeistanden und es hörten, sagten: Er ruft nach Elija. Sogleich lief einer von ihnen hin, tauchte einen Schwamm in Essig, steckte ihn auf ein Rohr und gab Jesus zu trinken. Die anderen aber sagten: Lass, wir wollen sehen, ob Elija kommt und ihm hilft. Jesus aber schrie noch einmal mit lauter Stimme. Dann hauchte er den Geist aus. Und siehe, der Vorhang riss im Tempel von oben bis unten entzwei. Die Erde bebte und die Felsen spalteten sich. Die Gräber öffneten sich und die Leiber vieler Heiligen, die entschlafen waren, wurden auferweckt. Nach der Auferstehung Jesu verließen sie ihre Gräber, kamen in die Heilige Stadt und erschienen vielen. Als der Hauptmann und die Männer, die mit ihm zusammen Jesus bewachten, das Erdbeben bemerkten und sahen, was geschah, erschraken sie sehr und sagten: Wahrhaftig, Gottes Sohn war dieser! Auch viele Frauen waren dort und sahen von Weitem zu; sie waren Jesus von Galiläa aus nachgefolgt und hatten ihm gedient. Zu ihnen gehörten Maria aus Magdala, Maria, die Mutter des Jakobus und des Josef, und die Mutter der Söhne des Zebedäus. (Mt 27,45-56)

Stille

V/A Wie ein Lamm, das man zum Schlachten führt, und wie ein Schaf vor seinen Scherern verstummt, so tat auch er seinen Mund nicht auf. (Jes 53,7)

V Rette mich, HERR, vor dem bösen Menschen, vor dem Mann der Gewalttaten bewahre mich, vor denen, die Böses im Herzen sinnen, jeden Tag schüren sie Kriege!

A Sie schärfen ihre Zunge wie eine Schlange, Viperngift ist unter ihren Lippen. Behüte mich, HERR, vor den Händen der Frevler, vor dem Mann der Gewalttaten bewahre mich, die darauf sinnen meine Schritte zum Wanken zu bringen!

V Hochmütige legten mir heimlich eine Falle und Schlingen, sie spannten ein Netz am Rande des Weges, Fanghölzer stellten sie auf für mich.

A Ich sagte zum HERRN: Mein Gott bist du. Vernimm, HERR, die Stimme meines Flehens!

V GOTT und Herr, meine Kraft und meine Rettung, du hast mein Haupt beschirmt am Tag des Kampfes.

A Lass nicht zu, HERR, die Gier der Frevler, lass ihren Plan nicht gelingen, wenn sie sich erheben! (Verse aus Ps 140)

V/A Wie ein Lamm, das man zum Schlachten führt …

V Christus war für uns gehorsam bis zum Tod, bis zum Tod am Kreuze.

A Christus war für uns gehorsam …

V Darum hat ihn Gott über alle erhöht und ihm den Namen verliehen, der größer ist als alle Namen.

A Christus war für uns gehorsam ...

Stille

L Aus dem Matthäusevangelium. –
Gegen Abend kam ein reicher Mann aus Arimathäa namens Josef; auch er war ein Jünger Jesu. Er ging zu Pilatus und bat um den Leichnam Jesu. Da befahl Pilatus, ihm den Leichnam zu überlassen. Josef nahm den Leichnam und hüllte ihn in ein reines Leinentuch. Dann legte er ihn in ein neues Grab, das er für sich selbst in einen Felsen hatte hauen lassen. Er wälzte einen großen Stein vor den Eingang des Grabes und ging weg. Auch Maria aus Magdala und die andere Maria waren dort; sie saßen dem Grab gegenüber. (Mt 27,57-61)

Stille

V/A Ich halte Ausschau nach einem, der mit mir fühlt, nach einem, der tröstet – und finde keinen.

V Rette mich, Gott, denn das Wasser geht mir bis an die Kehle!

A Ich bin versunken im Schlamm des Abgrunds und habe keinen Halt mehr.

V In Wassertiefen bin ich geraten, die Flut reißt mich fort.

A Ich bin erschöpft von meinem Rufen, es brennt meine Kehle.

V Mir versagen die Augen, während ich warte auf meinen Gott.

A Zahlreicher als auf meinem Kopf die Haare sind die, die mich grundlos hassen. Mächtig sind die, die mich verderben, meine verlogenen Feinde.

V Nicht sollen zuschanden werden durch mich, die auf dich hoffen, Herr, GOTT der Heerscharen, nicht sollen durch mich beschämt werden, die dich suchen, du Gott Israels.

A Ich aber komme zu dir mit meinem Bittgebet, HERR, zur Zeit der Gnade. Gott, in deiner großen Huld erhöre mich, mit deiner rettenden Treue! (Verse aus Ps 69)

V/A Ich halte Ausschau nach einem …

V Christus war für uns gehorsam bis zum Tod, bis zum Tod am Kreuze.

A Christus war für uns gehorsam …

V Darum hat ihn Gott über alle erhöht und ihm den Namen verliehen, der größer ist als alle Namen.

A Christus war für uns gehorsam …

Stille

V/A Im Kreuz ist Heil, im Kreuz ist Leben, im Kreuz ist Hoffnung.

V Also hat Gott die Welt geliebt, dass er seinen einzigen Sohn für uns hingab; damit alle, die an ihn glauben, nicht zugrunde gehen, sondern das ewige Leben haben.

A Im Kreuz ist Heil …

V Dein Kreuz, o Herr, verehren wir, und deine heilige Auferstehung rühmen und preisen wir. Denn siehe, durch das Holz des Kreuzes kam Freude in alle Welt.

A Im Kreuz ist Heil …

V Der Herr erbarme sich unser und segne uns, er lasse sein Angesicht über uns leuchten und sei uns gnädig.

A Im Kreuz ist Heil …

V Herr Jesus Christus, du hast das Schicksal des Grabes mit uns geteilt. Du bist am Kreuz für uns gestorben, dein heiliger Leib wurde von Josef ins Grab gelegt. Dort wolltest du bis zum Morgen der Auferstehung ruhen. Herr Jesus, wir bitten dich:

A Erbarme dich über uns und über die ganze Welt.

V Auch mein Fleisch wird wohnen in Sicherheit, denn du überlässt mein Leben nicht der Totenwelt.

A Du lässt deinen Frommen das Grab nicht schauen.

V An jenem Tag wird es der Spross aus der Wurzel Isais sein, der dasteht als Feldzeichen für die Völker.

A Die Nationen werden nach ihm fragen und seine Ruhe wird herrlich sein.

V Lasset uns beten. – Gott, dein Sohn Jesus ist am Kreuz gestorben und hat sein Blut zum Heil der Welt vergossen. Wir haben das Geheimnis des Kreuzes betrachtet, betend haben wir am Grab deines Sohnes ausgeharrt. Wir bitten dich: Bleib du bei uns mit deinem Segen. Behüte unsere Wege, damit wir glaubend die Auferstehung Christi erwarten. Das erbitten wir durch Christus, deinen Sohn, unseren Herrn.

A Amen.

V Ihm ist ein Ort bereitet in Frieden.

A Seine Wohnung wird sein auf dem Zion.

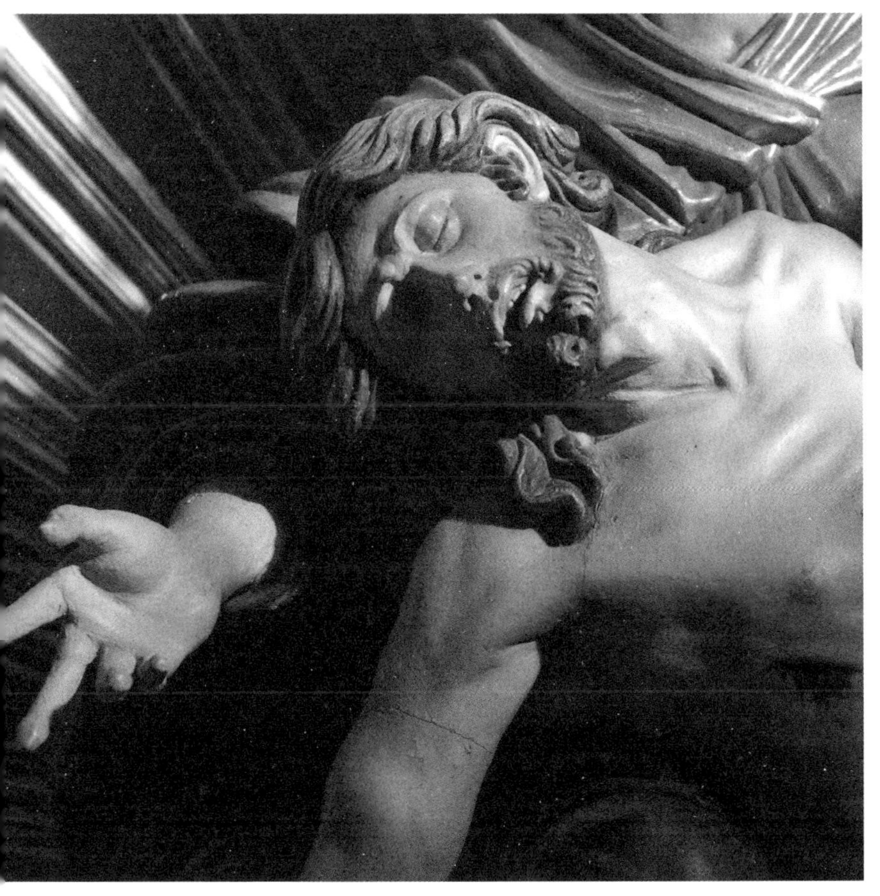

Im Kreuz ist Leben

Passionsandacht zum heiligen Kreuz

Lied: *GL 294, 1–4 (O du hochheilig Kreuze)*

V/A Wir rühmen uns im Kreuz des Herrn. In ihm ist uns das Heil geworden. In ihm sind wir erlöst.

V Gott sei und gnädig und segne uns. Er lasse sein Angesicht über uns leuchten.

A Wir rühmen uns ...

V Preisen sollen dich, Gott, die Völker, preisen die Völker alle.

A Wir rühmen uns ...

Lied: *GL 294, 5–7 (O du hochheilig Kreuze)*

Wie Mose die Schlange in der Wüste erhöht hat

V Wir beten dich an, Herr Jesus Christus, und preisen dich.

A Denn durch dein heiliges Kreuz hast du die Welt erlöst.

L Aus dem Johannesevangelium.–
Und wie Mose die Schlange in der Wüste erhöht hat, so muss der Menschensohn erhöht werden, damit jeder, der glaubt, in ihm ewiges Leben hat. Denn Gott hat die Welt so sehr geliebt, dass er seinen einzigen Sohn hingab, damit jeder, der an ihn glaubt, nicht verloren geht, sondern ewiges Leben

hat. Denn Gott hat seinen Sohn nicht in die Welt gesandt, damit er die Welt richtet, sondern damit die Welt durch ihn gerettet wird. (Joh 3,14-17)

Stille

V Das Kreuz Jesu ist aufgerichtet auf Golgota. Es ist schon von Weitem sichtbar. Jesu Kreuzigung ist die Stunde seiner Erhöhung. Jetzt ist seine Stunde gekommen, um aus dieser Welt zum Vater hinüberzugehen. Das Kreuz ist das Zeichen unserer Rettung und Erlösung. Wie beim Wüstenzug der Israeliten die Menschen zur ehernen Schlange aufschauen und nicht sterben, so wird allen das Leben zuteil, die ihren Blick zum Kreuz erheben und in Christus den Retter der Welt erkennen.

V/A Christus Erlöser, Christus Befreier, Leben in Ewigkeit. *(GL 305, 2)*

V Wer nicht sein Kreuz auf sich nimmt und mir nachfolgt, ist meiner nicht wert.

A Christus Erlöser, ...

V Ich bin die Auferstehung und das Leben. Wer an mich glaubt, wird leben, auch wenn er stirbt.

A Christus Erlöser, ...

V Und ich, wenn ich von der Erde erhöht bin, werde alle zu mir ziehen.

A Christus Erlöser, …

V/A Im Kreuz ist Heil, im Kreuz ist Leben, im Kreuz ist Hoffnung.

V Dein Kreuz, o Herr, verehren wir, und deine heilige Auferstehung rühmen und preisen wir.

A Im Kreuz ist Heil, …

Lied: *GL 299, 1–3 (Der König siegt)*

Baum des Lebens

V Wir beten dich an, Herr Jesus Christus, und preisen dich.

A Denn durch dein heiliges Kreuz hast du die Welt erlöst.

L Aus dem ersten Korintherbrief. –
Denn das Wort vom Kreuz ist denen, die verloren gehen, Torheit; uns aber, die gerettet werden, ist es Gottes Kraft. In der Schrift steht nämlich: *Ich werde die Weisheit der Weisen vernichten und die Klugheit der Klugen verwerfen.* Wo ist ein Weiser? Wo ein Schriftgelehrter? Wo ein Wortführer in dieser Weltzeit? Hat Gott nicht die Weisheit der Welt als Torheit entlarvt? Denn da die Welt angesichts der Weisheit Gottes auf dem Weg ihrer Weisheit Gott nicht erkannte, beschloss Gott, alle, die glauben, durch die Torheit der Verkündigung zu retten. Die Juden fordern Zeichen, die Griechen suchen Weisheit. Wir dagegen verkünden Christus als den Gekreuzigten: für Juden ein Ärgernis, für Heiden eine Torheit, für die Berufenen aber, Juden wie Griechen, Christus, Gottes Kraft und Gottes Weisheit. Denn das Törichte

an Gott ist weiser als die Menschen und das Schwache an Gott ist stärker als die Menschen. (1 Kor 1,18-25)

Stille

V Schon die frühchristlichen Theologen haben das Kreuz als Lebensbaum gedeutet. Das Kreuzesholz hat den Menschen mit Gott versöhnt und ihm das Paradies wieder eröffnet. Wir feiern deshalb Gottesdienst im Zeichen des Kreuzes. Und wir verkündigen Christus, als den gekreuzigten und auferstandenen Herrn. Denn das Kreuz ist nicht Zeichen des Scheiterns und des Endes, sondern Symbol für den Neubeginn, für das Leben, für die unzerstörbare Liebesbeziehung zwischen Gott und uns Menschen.

V/A Lob dir, Christus, König und Erlöser. *(GL 176,5)*

V Wer das Leben findet, wird es verlieren; wer aber das Leben um meinetwillen verliert, wird es finden.

A Lob dir, Christus, …

V Denn der Menschensohn ist nicht gekommen, um sich dienen zu lassen, sondern um zu dienen und sein Leben hinzugeben als Lösegeld für viele.

A Lob dir, Christus, …

V Geht und verkündet: Das Himmelreich ist nahe!

A Lob dir, Christus, …

V/A Im Kreuz ist Heil, im Kreuz ist Leben, im Kreuz ist Hoffnung.

V Dein Kreuz, o Herr, verehren wir, und deine heilige Auferstehung rühmen und preisen wir.

A Im Kreuz ist Heil, ...

Lied: *GL 299, 4–6 (Der König siegt)*

Durch das Kreuz zur Auferstehung

V Wir beten dich an, Herr Jesus Christus, und preisen dich.

A Denn durch dein heiliges Kreuz hast du die Welt erlöst.

L Aus dem Johannesevangelium. –
Thomas, der Didymus genannt wurde, einer der Zwölf, war nicht bei ihnen, als Jesus kam. Die anderen Jünger sagten zu ihm: Wir haben den Herrn gesehen. Er entgegnete ihnen: Wenn ich nicht das Mal der Nägel an seinen Händen sehe und wenn ich meinen Finger nicht in das Mal der Nägel und meine Hand nicht in seine Seite lege, glaube ich nicht. (Joh 20,24-25)

Stille

V Die Jünger erkennen den auferstandenen Herrn an den Malen der Kreuzigung. Die Wunden des Karfreitags sind nicht verschwunden. Sie bleiben auch über den Ostertag hinaus. Das Kreuz lässt sich aus dem Leben Jesu nicht mehr herausstreichen. Aber durch die Auferstehung sind die Wunden verklärt: Sie strahlen im österlichen Licht. Jesu Weg führt über das Kreuz zur Auferstehung. Er nimmt unsere Verwundungen mit, er zeigt, dass auch in unsere dunklen Lebensstunden sein österliches Licht scheint. Karfreitag und Ostern gehören zusammen. Sie verbinden sich auch in unserem Leben und schenken uns die unverbrüchliche Hoffnung auf Herrlichkeit.

V/A Ruhm und Preis und Ehre sei dir, Erlöser, Herr und König. *(GL 176,4)*

V Ich bin vom Vater ausgegangen und in die Welt gekommen; ich verlasse die Welt wieder und gehe zum Vater.

A Ruhm und Preis …

V Ich bin als Licht in die Welt gekommen, damit jeder, der an mich glaubt, nicht in der Finsternis bleibt.

A Ruhm und Preis …

V Ich bin das Brot des Lebens; wer zu mir kommt, wird nie mehr hungern, und wer an mich glaubt, wird nie mehr Durst haben.

A Ruhm und Preis …

V/A Im Kreuz ist Heil, im Kreuz ist Leben, im Kreuz ist Hoffnung.

V Dein Kreuz, o Herr, verehren wir, und deine heilige Auferstehung rühmen und preisen wir.

A Im Kreuz ist Heil, ...

Lied: *GL 294, 8–10 (O du hochheilig Kreuze)*

Abschluss

V Im Kreuz erstrahlt uns das Geheimnis des Glaubens.

A Deinen Tod, o Herr, verkünden wir und deine Auferstehung preisen wir, bis du kommst in Herrlichkeit.

V Im Zeichen des Kreuzes sind wir erlöst, im Kreuz ist uns das Heil zuteil geworden.

A Deinen Tod, o Herr, ...

V Im Kreuz erkennen wir das Leben, im gekreuzigten Herrn erblicken wir den erhöhten Heiland.

A Deinen Tod, o Herr, ...

Du hast Worte des ewigen Lebens

Andacht zu den sieben Worten Jesu am Kreuz

V Herr Jesus Christus, wo zwei oder drei in deinem Namen versammelt sind, da bist du in ihrer Mitte. Wir wollen miteinander dein Leiden und Sterben betrachten. Wir blicken auf das Kreuz und erkennen in dir, o Herr, den Heiland der ganzen Welt.

A Herr, du hast Worte des ewigen Lebens.

V Miteinander wollen wir in dieser Stunde die Worte betrachten, die du gesprochen hast, bevor du gestorben bist. Deine Worte, Herr Jesus, sind Geist und Leben. Sie machen unser Leben hell und zeigen uns den Weg zum Leben, der du selber bist.

A Herr, du hast Worte des ewigen Lebens.

V Aufmerksam wollen wir auf dein Wort hören, Herr Jesus. Dein Wort tröstet und befreit, dein Wort schenkt uns Zuversicht, es macht uns Mut. Dein Wort gibt uns Kraft, es stärkt uns auf unserem Weg durch die Zeit.

A Herr, du hast Worte des ewigen Lebens.

Erstes Wort:
Vater, vergib ihnen, denn sie wissen nicht, was sie tun

L Sie kamen an den Ort, der Schädelhöhe heißt; dort kreuzigten sie ihn und die Verbrecher, den einen rechts von ihm, den andern links. Jesus aber betete: Vater, vergib ihnen, denn sie wissen nicht, was sie tun! (Lk 23,33-34a)

V In der Stunde größter Bedrängnis betet Jesus für die, die ihn verfolgen. Für die, die in ans Kreuz gebracht haben, erbittet er das Erbarmen des Vaters. Nicht Hass oder Rache bewegen Jesus in diesem Augenblick. Die Liebe, die Jesus sein ganzes Leben lang den Menschen erwiesen hat, sie wird auch am Kreuz konkret. Jesus bittet um Vergebung, er ruft zu Versöhnung auf. Vom Kreuz herab zeigt uns Jesus, dass auch wir einander vergeben und verzeihen müssen. Am Kreuz ruft er uns zur ungebrochenen Liebe auf, die wir nicht nur den Freunden, sondern in besonderer Weise den Feinden erweisen müssen.

Stille

V Wenn ihr aber den Menschen ihre Verfehlungen vergebt, dann wird euer himmlischer Vater auch euch vergeben.

A Wie mich der Vater geliebt hat, so habe auch ich euch geliebt. Bleibt in meiner Liebe!

V Gott aber, der reich ist an Erbarmen, hat uns, die wir infolge der Sünde tot waren, in seiner großen Liebe, mit der er uns geliebt hat, zusammen mit Christus lebendig gemacht.

A Gott ist Liebe, und wer in der Liebe bleibt, bleibt in Gott und Gott bleibt in ihm.

Zweites Wort: Heute noch wirst du mit mir im Paradies sein

L Einer der Verbrecher, die neben ihm hingen, verhöhnte ihn: Bist du denn nicht der Christus? Dann rette dich selbst und auch uns! Der andere aber wies ihn zurecht und sagte: Nicht einmal du fürchtest Gott? Dich hat doch das gleiche Urteil getroffen. Uns geschieht recht, wir erhalten den Lohn für unsere Taten; dieser aber hat nichts Unrechtes getan. Dann sagte er: Jesus, denk an mich, wenn du in dein Reich kommst! Jesus antwortete ihm: Amen, ich sage dir: Heute noch wirst du mit mir im Paradies sein. (Lk 23,39-43)

V *„Barmherzigkeit will ich, nicht Opfer"*, heißt es im Matthäusevangelium (12,7). Diese ungebrochene Barmherzigkeit erweist Jesus am Kreuz hängend auch dem Schächer. Er ist ein Verbrecher, der scheinbar den gerechten Lohn für seine Taten erhält. Doch ist der Tod eines Menschen jemals gerecht? Ist die Todesstrafe nicht eine massive Verletzung von Humanität und Mitmenschlichkeit? Jesus weiß, wie der Verbrecher neben ihm leidet. Er verurteilt ihn nicht. Er schenkt ihm neue Hoffnung und gibt ihm Zuversicht. Heute noch wird der Schächer mit Jesus ins Paradies eingehen. Heute noch ist er durch Jesu Barmherzigkeit ein für allemal gerettet.

Stille

V Geht und lernt, was es heißt: Barmherzigkeit will ich, nicht Opfer! Denn ich bin nicht gekommen, um Gerechte zu rufen, sondern Sünder.

A Wenn einer hinter mir hergehen will, verleugne er sich selbst, nehme sein Kreuz auf sich und folge mir nach.

V Denn wer sein Leben retten will, wird es verlieren; wer aber sein Leben um meinetwillen verliert, wird es finden.

A Ich bin gekommen, damit sie das Leben haben und es in Fülle haben.

Drittes Wort:

Dies ist dein Sohn – dies ist deine Mutter

L Als Jesus die Mutter sah und bei ihr den Jünger, den er liebte, sagte er zur Mutter: Frau, siehe, dein Sohn! Dann sagte er zu dem Jünger: Siehe, deine Mutter! Und von jener Stunde an nahm sie der Jünger zu sich. (Joh 19,26-27)

V Unter dem Kreuz begegnet uns größtes Leid: Maria verliert den Sohn, Johannes den geliebten Freund. Für beide heißt es nun, schmerzlich Abschied zu nehmen von dem, der ihnen doch so viel bedeutet. Unter Tränen blicken sie auf zu Jesus. Er aber weiß um ihre Trauer, er kennt ihre Schmerzen. Er will, dass es beiden auch in Zukunft gut geht. Deswegen vertraut er dem Freund die Mutter an, deswegen gibt er den Freund seiner Mutter in ihre Obhut. Die Liebe hört niemals auf. Sie wirkt dort weiter, wo sich Menschen unbedingt annehmen. Wo der Nächste, der in Not ist, zum Sohn wird und die Fremde zur Mutter.

Stille

V Einer trage des anderen Last; so werdet ihr das Gesetz Christi erfüllen.

A Darum nehmt einander an, wie auch Christus uns angenommen hat, zur Ehre Gottes.

V Wer ist meine Mutter und wer sind meine Brüder?

A Denn wer den Willen meines himmlischen Vaters tut, der ist für mich Bruder und Schwester und Mutter.

Viertes Wort:
Mein Gott, mein Gott, warum hast du mich verlassen

L Um die neunte Stunde schrie Jesus mit lauter Stimme: *Eli, Eli, lema sabachtani?*, das heißt: *Mein Gott, mein Gott, warum hast du mich verlassen?* Einige von denen, die dabeistanden und es hörten, sagten: Er ruft nach Elija. (Mt 27,46-47)

V Die Frage nach dem „Warum“ quält so viele Menschen. Warum hat die Krankheit gerade mich heimgesucht? Warum musste er so früh sterben, so jung? Warum konnte der Unfall nicht vermieden werden? Warum gibt es das unsägliche Leid in dieser Welt? Warum kann die Welt nicht eine Bessere sein? – Auch Jesus kennt diese Fragen. Und auch er weiß keine Antwort zu geben, auf das Warum. In seiner Not vertraut er sich dem Vater an. Er weiß darum, dass der Vater alles in seiner Hand hat und dass er es ist, der alles gut machen kann. Betend vertraut Jesus sich Gott an. Er legt sein Schicksal in seine Hand. Er weiß sich geborgen in Gott – im Leben und im Sterben.

Stille

V Herr, lehre uns beten, wie auch Johannes seine Jünger beten gelehrt hat!

A Wenn ihr betet, so sprecht: Vater, geheiligt werde dein Name. Dein Reich komme.

V Ist einer von euch bedrückt? Dann soll er beten. Ist jemand guten Mutes? Dann soll er ein Loblied singen.

A Denn in Gott leben wir, bewegen wir uns und sind wir.

Fünftes Wort:
Mich dürstet

L Danach, da Jesus wusste, dass nun alles vollbracht war, sagte er, damit sich die Schrift erfüllte: Mich dürstet. Ein Gefäß voll Essig stand da. Sie steckten einen Schwamm voll Essig auf einen Ysopzweig und hielten ihn an seinen Mund. (Joh 19,28-29)

V Alleine und verlassen hängt Jesus am Kreuz. Sein Ruf nach Wasser ist ein Ruf nach Erbarmen und Liebe. Jesus sehnt sich danach, dass ihm einer den Dienst der Barmherzigkeit erweist. Es ist der Ruf Jesu nach Liebe, der vom Kreuz herab in die Welt dringt. Doch allzu oft verhallt er, bleibt er unerhört. Allzu oft geht er unter im Geschwätz der Welt, in ihrer Selbstsicherheit, in ihrer Selbstverliebtheit. – Mich dürstet: Das ist der Ruf der vielen, die in unserer Welt leiden und sich nach Liebe sehnen. Das ist der Ruf nach Barmherzigkeit, der in Ewigkeit in dieser Welt präsent bleibt. Er wird bitter enttäuscht. Denn statt Wasser benetzt der Essig die Lippen des Rufenden.

Stille

V Selig, die hungern und dürsten nach der Gerechtigkeit; denn sie werden gesättigt werden.

A Die Hungernden beschenkt er mit seinen Gaben und lässt die Reichen leer ausgehen.

V Selig, die Barmherzigen; denn sie werden Erbarmen finden.

A Macht meine Freude vollkommen, dass ihr eines Sinnes seid, einander in Liebe verbunden, einmütig, einträchtig.

Sechstes Wort:
Es ist vollbracht

L Als Jesus von dem Essig genommen hatte, sprach er: Es ist vollbracht! (Joh 19,30)

V Jesu Weg, der einst in Galiläa begonnen hatte, ist nun an sein Ende gekommen. Die Hoffnungen einiger hat Jesus enttäuscht: Kein politischer Umsturz, kein Kommen Gottes in Macht und Herrlichkeit, keine weltbewegenden Veränderungen. Jetzt, vom Kreuz herab, ruft Jesus, dass alles vollbracht sei. Nicht wenige sind es, die Jesus als gescheiterten Propheten ansehen. Er aber weiß, dass sein Tod notwendig ist, um in die Herrlichkeit Gottes einzugehen. Denn das Große erwächst aus dem Kleinen. In den kleinen Gesten der Liebe, die Jesus in seinem Leben vollzogen hat, ist der Samen gelegt für das Reich Gottes.

Stille

V Und jeder, der um meines Namens willen Häuser oder Brüder oder Schwestern oder Vater oder Mutter oder Kinder oder Äcker verlassen hat, wird dafür das Hundertfache erhalten und das ewige Leben erben.

A Und ihr werdet um meines Namens willen von allen gehasst werden; wer aber bis zum Ende standhaft bleibt, der wird gerettet werden.

V Und ich, wenn ich von der Erde erhöht bin, werde alle zu mir ziehen.

A Vater, verherrliche deinen Namen!

Siebtes Wort:
Vater, in deine Hände lege ich meinen Geist

L Die Sonne verdunkelte sich. Der Vorhang im Tempel riss mitten entzwei. Und Jesus rief mit lauter Stimme: *Vater, in deine Hände lege ich meinen Geist.* Mit diesen Worten hauchte er den Geist aus. (Lk 23,45-46)

V Noch einmal betet Jesus, bevor er seinen Geist aushaucht und verstirbt. Es ist ein vertrauensvolles, zuversichtliches Gebet. Keine Klage, keine Anklage. Jesus legt sein Leben zurück in die Hände des Vaters. Von ihm ist er ausgegangen, zu ihm geht er auch am Ende seines Lebens wieder ein. So ist Jesu letztes Wort auch ein Aufruf an uns, alles in die Hände des Vaters zu legen. Unser ganzes Leben, alles was uns bedrückt und belastet, das dürfen wir Gott hinhalten. Er nimmt es in seiner unendlichen Liebe an. Er nimmt unser ganzes Leben an und verwandelt es in seiner Herrlichkeit. Auch wir dürfen sprechen: Vater, in deine Hände lege ich meinen Geist; Vater, in deine Hände lege ich mein ganzes Leben.

Stille

V In deine Hände lege ich voll Vertrauen meinen Geist; du hast mich erlöst, Herr, du Gott der Treue.

A Ich will jubeln und deiner Huld mich freuen; denn du hast mein Elend angesehn, du kanntest die Ängste meiner Seele.

V Du hast mich nicht preisgegeben der Hand meines Feindes, du stelltest meine Füße in weiten Raum.

A Du hast mein Klagen in Tanzen verwandelt, mein Trauergewand hast du gelöst und mich umgürtet mit Freude.

Abschluss

V Im Zeichen des Kreuzes erkennen wir ein Geheimnis des Glaubens:

A Deinen Tod, o Herr, verkünden wir und deine Auferstehung preisen wir, bis du kommst in Herrlichkeit.

V Dein heiliges Kreuz, o Herr, rühmen und verehren wir. Denn siehe: Durch das Holz des Kreuzes kam Freude in alle Welt.

A Deinen Tod, o Herr, …

V Wir rühmen uns im Kreuz des Herrn. In ihm ist das Heil, in ihm ist das Leben, in ihm sind wir erlöst.

A Deinen Tod, o Herr, …

Bildnachweis:

9 © time/photocase.com

23 © zettberlin/photocase.com

29 © matlen/photocase.com

47 Seleneos/photocase.com

57 © owik2/photocase.com

79 1st8/photocase.com

103 SewCream/shutterstock.com

113 captureandcompose/shutterstock.com

129 John Theodor/shutterstock.com

137 Marco Bicci/shutterstock.com

149 enterlinedesign/shutterstock.com

157 © Stefan Weigand

165 © Freedom Studio/shutterstock.com